Tikanga Wh

Tikanga Whakaaro

Key Concepts in Māori Culture

Cleve Barlow

OXFORD
UNIVERSITY PRESS

OXFORD
UNIVERSITY PRESS

253 Normanby Road, South Melbourne, Victoria 3205, Australia

Oxford University Press is a department of the University of Oxford.
It furthers the University's objective of excellence in research, scholarship,
and education by publishing worldwide in

Oxford New York

Auckland Bangkok Buenos Aires Cape Town Chennai
Dar es Salaam Delhi Hong Kong Istanbul Karachi Kolkata
Kuala Lumpur Madrid Melbourne Mexico City Mumbai Nairobi
São Paulo Shanghai Singapore Taipei Tokyo Toronto

with an associated company in Berlin

OXFORD is a trade mark of Oxford University Press
in the UK and in certain other countries

National Library of Australia
Cataloguing-in-Publication data:
Barlow, Cleve
   Tikanga Whakaaro

   ISBN 0 19 558212 8.

Cover designed by Catherine Lindsey
Photoset in Baskerville by TGI Grapgic Imaging Ltd
Printed through Bookpac Production Services, Singapore

Contents

Foreword

People the world over are wont to seek an instant facility in the words and phrases of another culture, the better to extract information perhaps, like the cost of things or where to find accommodation, or even just to say 'hello'. Sometimes this works, sometimes it doesn't—if, for example, the one of whom you ask a question assumes you really do know their language and you end up failing to understand their well-intentioned reply. Understanding is what it is all about, and cross-cultural understanding requires more than a mere dictionary or phrase book.

Tikanga Whakaaro is neither a dictionary nor a phrase book. And it certainly does address understanding. Cleve Barlow offers the reader a glimpse into Māori culture, a culture that is at once superficially familiar, yet in its essence and in its rationale, by no means familiar. Māori ways of doing things are undoubtedly well known to many, but the reason for them so often lies beyond real comprehension. I use the word 'glimpse' advisedly, for the author is careful to limit the scope of his writing. A single text cannot, in itself, lift the veil from centuries of tradition.

On the other hand 'glimpse' has its own limitations too: Dr Barlow's discussions do far more than give 'a faint and transient appearance, a momentary or imperfect view' (OED). Their unique value lies both in their dependence on the cosmogonic myths and on their relevance to the contemporary world of the Māori, especially in its spiritual aspects. His selection of themes reveals that other rationale for Māori social life, the ethic of kinship: an ethic of reciprocity, an ethic offering constraints and opportunities, rewards and penalties now, as ever in the past. Here, then, are some of the eternal verities as they have been perceived and treasured by the Māori people long before they came upon Aotearoa a millenium ago.

I commend the initiative of a bilingual publication. But above all, I commend its pages to those who are not content with what they see, who want answers to the question 'why?', and who want these answers both in English and in that medium which best preserves the heart of the matter, the Māori language itself.

Sir Hugh Kawharu

He Kupu Whakamihi

I a au i Kaikohe, ka tae mai te tono a te Pīhopa kia hoki ahau ki Panguru noho ai, mahi ai. Ka haere ahau. I tōku oroko-taenga atu ki te kāinga, arā, ki ngā marae kāinga o raro o Panguru maunga, e whai kaumātua ana anō ngā marae. I kite ahau, i mātakitaki i ngā tikanga i runga i ngā marae. I rongo ahau i ngā kōrero me ngā tohutohu o ngā kaumātua me ngā kuia, ā, māku e whakapae i uru rawa ki roto i a au.

Tekau mā rua tau i noho ai ahau ki te kāinga. I roto i taua wā, e toru rau ngā tāngata i nehua e au, te nuinga, he mātua, he kaumātua. I a au ka ngaro ake nei i te kāinga, kua kore he kaumātua, kua kore he kuia, heoi e ora ana ko te whāea tupuna, ko Whina.

Ko tāku e pōuri nei, ko te hunga kāhore i noho i ngā marae, kāhore i rongo i ngā kōrero me ngā tohutohu a ngā kaumātua, kīhai i kite i ngā tikanga i runga i ngā marae i te wā e ora ana ngā kaumātua. Ko te āwangawanga kua mahue pani ngā marae, kua noho kūare pea ngā uri.

Kāti ake rā, kia manawanui tātou. E kore te mana motuhake i waiho iho rā e ngaro, ngaro rawa. E tae te wā ka puta ake anō. Nō reira, tēnei ka whakamihi atu ki a Cleve Barlow, ki tēnei uri o Te Hikutū, nō te hapū kei Hokianga, kei raro o Te Ramaroa maunga, mōna i whai whakaaro ki te tuhituhi i ēnei kupu kōrero hei whakaatu atu: ki a tātou ake, kāhore i rongo i ngā kōrero o ngā kaumātua, ki ērā atu o ngā iwi e noho ana i runga o Aotearoa, ki ngā manuhiri tau mai i tāwāhi.

Ko te tikanga o tēnei mahi nui āna, he whakamōhio atu, kia kaua te tangata e noho kūare, whakahāwea rānei, engari kia mārama, kia mātau ki te pūtaketanga me te mau i ngā kaupapa rangatira kei a tātou, arā, ngā hui tangihanga, hura kōhatu, kawe mate; te tikanga o te karanga, o te poroporoaki; ngā whakaputanga tapu, mauri, mana, ihi, wehi, tae atu ki te mea nui rawa, he tangata, he tangata.

Ka whakapai atu ahau ki a Cleve, nā te mea, kāhore ia e whakatū ana i a ia anō, engari e hokihoki ana ki ngā kōrero o ōna mātua: 'ko ia nei te akoranga a ōku mātua.' Kāhore te wairua whakahīhī i a ia. E mau ana te rārangi kōrero, 'E kore e taea e wai rānei te kōrero mō tētahi atu iwi, hapū rānei, mā rātou anō ō rātou kōrero, kei a rātou anō ō rātou ake mana.'

Kāhore hoki ia e mea ana kei a ia te kōrero whakamutunga. Engari ko āku kupu whakamutunga ko ēnei:

Mā te whakaatu, ka mōhio
Mā te mōhio, ka mārama

Mā te mārama, ka mātau
Mā te mātau, ka ora.

While I was living in Kaikohe the Bishop asked me to go home to Panguru to live and work, and so I went. When I arrived home there were still a number of elders alive and I was able to observe the customs of the marae and heard much of the important discussion of the kaumātua and kuia. I learnt a lot from them.

I stayed at my home village for twenty years, and during that time I buried more than three hundred people, most of whom were the old kaumātua and kuia. These days there are very few old people left, only Dame Whina Cooper.

My heart reaches out to the people who have not had the opportunity of being on the marae, of listening to the kaumātua and observing the traditional customs. Our main concern is that our marae are being abandoned and the people are living in ignorance of the knowledge and customs of our people.

Nevertheless, there is still hope. The mana of our people will not be completely lost; there will come a time when it will flourish again. For this reason I would like to congratulate Cleve Barlow, a descendant of the Hikutū sub-tribe of Hokianga, Te Ramaroa, for his erudition in writing this book for the benefit of many—especially those of us who have not had the opportunity to hear the words of our kaumātua, other races and cultures living in New Zealand, and visitors and immigrants from overseas.

As I see it, the purpose of his work is to enlighten people so that they do not treat lightly the sacred customs of our people regarding important social functions like tangihanga, hura kōhatu and kawe mate, nor remain in ignorance of our cultural heritage and the meanings of the karanga and poroporoaki, the meanings of tapu, mauri, mana, ihi and wehi, and above all the sacred value and purpose of the individual person in the scheme of life.

I am especially pleased to say that Cleve does not in any way exalt himself; he gives credit to his elders for what he knows. Neither does he intimate that his is the only view. He is mindful too of the fact that each tribe will have their own understanding concerning these matters and can speak for themselves.

Likewise, he does not maintain that he has the last word on the subject, but may I offer this concluding thought:

> By discussion cometh understanding
> By understanding cometh light
> By light cometh wisdom
> By wisdom cometh life everlasting.

Pā Henare Tate

Mrs Maraea Edmonds Wikaira (great-grandmother of the author) opening the Whirinaki School carvings, 1920. Mrs Wikaira died in 1942 at the age of 118 years. She was perhaps one of the very first children of Māori and Pākehā descent. On many occasions during her lifetime, she recalled being at the signing of the Treaty of Waitangi in 1840. She was of the Uri Taniwha and Ngāti Rēhia subtribes. *Rachel Barlow*

Author's Preface

Pupuha, pupuha
Whakaea te manawa o Rangi
O Ranginui, o Rangiroa, o Rangitahua
Tahua nuku, tahua rangi
E tū, homai te wairua ora
He ora ki tupua, he ora ki tawhito
He ora ki te wheiao, ki te ao mārama
Tihei mauri ora!

Ka hinga, ka mate
Ka hinga te rākau nā aitū hau
Nā aitū pawa
I reira te angi, i reira te rākau takiwara
He tautika, he tauoha
Ka anga uta, ka anga te pō
Ka anga te wheiao, ka anga te ao mārama
Tahuri mai, e ngā atua
Anga mai, e ngā atua
Ko te tiwha, ko te tiwha i a Ranginui
E tū nei
Pērā hoki rā tūtepeaunuku, tūtepeaurangi
Hurihuri, kimo ana peruperu, kimo ana
Ka ranea, ka ranea mārire

He pawa taia
Taia ko matapō, ko mataao
Ko mata āniwaniwa
Ki te tūtewake
Ki te hau o Rongomaiwhiti
Taia i tō uru, ko maru
Taia i tō rae, ko maru
Taia i tō takataka, ko maru
Taka te roro, taka ki uta
Taka te roro, taka ki tai
Wāhie aha?
Wāhie rewa, wāhie atua
Atua hohou rongo e

Haere ngā mate i te ata hāpara; takahia e koutou ka rū te whenua; kia oioi te whenua, oioi te pō, oioi te ao, tākiri manawa ki runga ki te whenua; ka puta te hau o ranga whenua, ka riro i a Apaaparangi; he tokotoko riri ko Papatūānuku te takotoranga; ka maranga i konā te tokorangi, nā tokotokorangi i kāwhaki mai ō koutou wairua, takoto mai i roto o whare tauā.

Nō reira, ko koutou te hunga kua huri tuarā mai ki te ao tūroa, whakaatuhia mai ki ngā uri mahue iho te māramatanga o te ao huna. E kī nei te kōrero:

Ahakoa kua ngaro te huia i te ao tūroa, ko āna kupu ako kua mahue iho.

Ka whānau tū tahanga te tangata ki te ao, ka hoki tahanga atu ki a Io Matua, engari kotahi anō te kākahu e hīpokina ki runga i te wairua, ko te kahu o te mātauranga. Koia tērā e kimihia ana, e rangahautia ana e te tangata i tūnuku, i tūrangi kia pērā anō tōna māramatanga i tō ngā atua.

E mihi nui ana ahau ki taku whānau me ngā tini whanaunga, hoa, karanga maha hoki, nā rātou ahau i āwhina. Ki aku hoa whanaunga (Mahu Witehira, Hare Tāwhai, Pita Korewha me Bob Horotai Tito) o te kura wānanga o ō tāua mātua, tēnā koutou, tēnā koutou, kia ora huihui tātou katoa.

In the preceding paragraphs I have paid tribute to the many generations of ancestors who have left behind a rich legacy which I hope will ever remain an integral part of the cultural heritage of New Zealand. I have also acknowledged my family and extended family for the help and support they have given me over the years. In this portion of my preface, I would like to give an overview of what the book contains and why I wanted to write it, and to acknowledge my sources of information and the people who assisted in the preparation of the manuscript for publication.

While I was growing up, I developed a keen interest in acquiring a deep understanding of my Māori cultural heritage. My family lived very close to one of our local marae and, because it was so readily accessible, I was able to witness almost every activity and ceremony that took place there. I was particularly fascinated by the ritual and ceremony acted out on the marae: the karanga, whaikōrero, food preparations, and so forth. My body used to shiver with a mixture of eerie excitement and apprehension each time I heard the karanga and poroporoaki being performed. Very often the kaumātua and kuia would begin their lamenting and chanting a quarter of a mile or more from the marae. Those wailing cries used to make the goose-bumps come up on my skin and the hair stand up on the back of my neck. Sometimes, especially when a war veteran or renowned kaumātua passed away, gun shots could be heard at intervals as the procession advanced slowly towards the marae. All this activity and commotion added to the excitement of an occasion, and my own feelings of awe and excitement did not diminish on subsequent occasions. There were many times when I did not want to look on or witness the proceedings, but my curiosity and anticipation of the moment were always too great to resist.

From these beginnings, my fascination with Māori culture, and particularly with its ritual aspects, grew and I wanted to understand as much as I could about it. All my adult life I have endeavoured to extend my knowledge and understanding of the customs, beliefs, and philosophies of the Māori and to compare them with other peoples and cultures.

In addition to my immersion in the local cultural setting from a very young age, I gained greater insights by being accepted as an initiate into a Ngāpuhi wānanga, or traditional school of learning, under the tutelage of the late Reverend Matu Mākiha. In this wānanga I (along with my colleagues) was taught aspects of genealogy, ritual incantations, and customary practices. We also had the opportunity to apply much of what we had learned in theory to real-life experiences when attending hui or cultural gatherings, mainly in the Auckland and Northland (Tai Tokerau) districts. About this time also, I was chosen by my grand-uncle, Rawiri Wikaira, to be the keeper of the whakapapa or genealogy for the families in our district.

My cultural learning was increased through the opportunities I have had to conduct funerals, marriages and other kinds of religious services for my relatives and acquaintances. A good number of these events have been performed in Māori cultural settings. These experiences too have given me a deeper insight into the psychology and spiritual aspects of the Māori view of the world. As a complement to my Māori cultural background, I am also most appreciative of the level of education I have attained in the Western tradition of learning from primary school through to university. There is one thing I know for certain: being conversant with perspectives of two cultures has put me in a more advantageous position to study, analyse, interpret, and communicate the ideas I write about here.

Today especially, there are very few people alive who can answer questions about the deeper spiritual concepts and customs of the Māori. The meanings of many customs have been lost. It has taken me quite some time to achieve my present level of understanding of these matters, and I have found that many kaumātua or tribal elders understand little about them. For example, I have often asked kaumātua and kuia from different areas of the country to explain to me what they understand by terms like *ihi, mana,* and *tapu.* In most instances they have not been able to offer any useful explanation or comment, and even when they replied, their answers have not seemed to me to have much substance to them. I believe that it is important for people who profess to have knowledge and understanding of Māori language and cultural concepts to possess more than just superficial awareness of them and, indeed, that they should be able to explain in the language why customs are performed in particular ways and to provide some explanations of their origins and meanings. Likewise, with respect to the younger generation, I feel that the opportunity should be given them to know and understand some of the deeper mysteries of the origins of their people, including the customs, language, and ritual which they can observe being performed on a regular basis in a variety of social and cultural contexts.

I do not wish to suggest in any way that I know everything there is to know about these matters; yet I feel that there are some valuable insights that I can offer to those who wish to know more. I have pondered for a long time as to how best to disseminate this knowledge to others without revealing too much (as I was taught in my own training), but still being able to offer a useful basis from which others could achieve greater understanding. I have therefore not included all there is to know about each concept; in some cases I myself have a lot to learn about them.

In the book, I have avoided taking a strictly academic approach and have adopted a fairly informal style for the most part. The entries are written as though I am responding to direct questions such as, 'What do you understand by the term *tapu?*'. Most of what I have written is stored in my mind from what I learned over several years in the wānanga, at various hui and cultural events, and from discussions with kaumātua and kuia in many areas. Because my information was originally acquired primarily from oral sources, there is little reference to published works. I would like to acknowledge, however, that for my discussions relating to the Treaty of Waitange and the Waitangi Tribunal, I have relied heavily on information from the works of Claudia Orange, *The Treaty of Waitangi* (1987), and Paul Temm, Q.C., *The Waitangi Tribunal* (1990). I have made some use of dictionaries and other publications; these are duly listed in the bibliography. There are seventy concepts explained here, and therefore numerous others have not been included. In my opinion some of the concepts of traditional Māori society have little relevance to today's society; for example, *utu* and *muru*. I have selected concepts that I feel are important for understanding Māori culture as it is practised today, and concepts which are likely to be relevant in the future. I hope that this corpus of information will assist others to do additional research on these and related topics.

The book is written in Māori and English, for I felt that it would be the best way to share these ideas so that they are accessible to speakers of either or both of these languages. In particular, because of a renewed interest in Māori language and culture, I wanted to make the book useful to students of Māori. But for those who are not particularly interested in studying the Māori language, or who lack competence in the language, but are keen to know aspects of Māori culture, some understanding of the culture can be acquired through the English versions provided.

I have avoided, at least for the most part, using esoteric and classical Māori language in the hope that the ideas expressed here might be communicated more easily. However, I do assume that the reader will have some basic understanding of Māori language and culture. It is my sincere hope that the book will be a useful resource for studying both the language and culture of the Māori people.

Acknowledgements

Many people have contributed in various ways to the production of this book. I would like to express my deep gratitude to June Westwood for her tremendous help in typing the manuscript. I would also like to acknowledge the painstaking work of Anne French and her staff at Oxford University Press for editing and preparing the manuscript for publication. I would like to thank Dr Jane McRae for proof-reading the manuscript, Father Henare Tate (O.P.), Paki Harrison, and Dr Tamati Reedy for their support and encouragement, and Maureen Lander for collating the photographic material.

Finally, I would like to thank Sir Hugh Kawharu, former Professor and Head of the Department of Anthropology, Auckland University, and my colleagues in the Department for their encouragement and support in the publication of this book.

Cleve Barlow

Ahuwhenua

I ngā wā o mua, ko ngā mahi ahuwhenua he mahinga i ngā māra, arā, te keri i te whenua, te whakatō, te ngaki taru me te hauhake i ngā hua whenua. He whakataukī tā te Māori e kī nei :

He toa piki pari, mate pari;
He toa mau patu, mate patu;
He toa ngaki taru, he kai mā te huhu.

I nāianei, ko te tangata ahuwhenua ko ia rā e kaha ana ki te mahi, ahakoa he aha te mahi, kia whai oranga ia me tōna whānau. I te wā o te Tari Māori, i whakawhiwhia e te Tari nei Te Tohu Ahuwhenua ia tau, ki tētahi Māori kua whakaaetia e ngā rangatira ko ia te tino kaimahi pāmu i roto i te iwi. He tohu rangatira kia whai mahi te tangata ahakoa he aha, ka arohaina ia e tōna whānau, e te ao whānui hoki.

Ahakoa he whai mahi te tangata, kia kaha ia ki te tiaki i tōna kāinga me te whānau. Mā ēnei āhuatanga ka mōhiotia he tino tangata ia.

Ahuwhenua (Industriousness)

In former times, the term ahuwhenua related to the activities of gardening: turning the soil, planting, cultivating, and harvesting the fruits of the earth. There is an old Māori proverb which states:

A mountain climber may die through climbing;
A warrior is likely to die by the sword;
But a cultivator of the earth will be food for worms.

In modern times, however, the term describes any industrious person, regardless of the work they may do to provide food and sustenance for their family. From 1950 to 1990, the Farming Section of the Department of Maori Affairs awarded the Ahuwhenua Trophy annually to the best Māori farmer of each year. Work is regarded as an ennobling virtue. Through work a person gains the respect and admiration of family and the larger community.

Even though someone may work for a living, they must also devote time and effort to the care of their home and family. This is the true measure of an industrious person.

Aituā

He uri tēnei nō Tūmatauenga rāua ko Tahutapairu. Ko Aituā mā, ko rātou ngā uri tuatahi i puta mai i ngā mahi riri, tautohetohe hoki a Tūmatauenga. I ēnei rā, kua hīpokina tēnei kupu ki runga i ngā mahi kikino katoa, arā, ngā mate tūrorotanga, wharanga me ētahi atu mate pērā. He ingoa anō ia mō te mate i runga i te kōrero: 'kua riro atu koe i te ringa kaha o aituā. Ka kōkiri wairua ki te tihi o mauri aituā.' Koia hoki he kupu mō ngā momo mate katoa, motuhake rawa ngā mate wharanga. Ki te pāoro tētahi motokā ki tētahi atu, ā, ka whara he tangata, he aituā tērā.

I ngā rā tata ake nei, ka toro te whare tupuna o Ngāti Whātua ki Ōrākei. Ka pāpōuri te iwi nei, me ngā Māori katoa o te motu, nā te mea, ahakoa kāhore he tangata i mate, engari ka mamae te ngākau ka huri ngā whakaaro ki ngā mātua, tūpuna me ngā whakatupuranga ka heke iho. Ka ngaungaua te ngākau, nō reira ka pōuri te tangata.

Engari, ko te nuinga o ngā wharanga, mate rānei, ahakoa kāhore anō he tangata kia mate rawa atu, e kīia ana he aituā. Ka kōkiri wairua ki te tihi o mauri aituā.

Aituā (Calamity, Misfortune, Accident)

Aituā was a child of Tūmatauenga, the god of war, and his wife, Tahutapairu. She and her sibling were thought to have been conceived of the wrath and the aggression of their father. Nowadays, the term is used to refer to death, disease, misfortune, and accidents. It is associated with death, as in the statement, 'You have been taken by the strong hand of death and have ascended the pinnacle of misfortune.' Every type of misfortune is included in its meaning, but particluar emphasis is given to injuries caused by accidents. For example, an injury sustained in a car accident is an aituā.

The misfortune does not have to involve personal injury or the loss of life to be an aituā. Tumutumuwhenua, the Orākei meeting house, was recently destroyed by fire. While no one was injured, the event was considered to be a very grave aituā, not only for the people of Orākei, but also for Māori all over the country. They saw the incident through spiritual eyes as a great loss to the tribe, a loss that affected not only the living but past and future generations.

In most cases the word aituā relates to all kinds of misfortunes whether or not direct personal injury is involved.

Akoranga

Koia ēnei ko ngā taonga katoa o te mātauranga, o te ao wairua me te ao kikokiko kia tupu mārama ai ngā tāngata. Ka whakaakongia e ngā kaumātua me ngā kuia o tēnā rohe, o tēnā rohe ngā ture me ngā tikanga manaaki tangata hei tuku iho ki ngā uri whakatupu. Ko ngā akoranga koia te mātauranga katoa o te iwi hei painga mō rātou me ngā whakatupuranga e heke iho. Engari ko ētahi o ngā akoranga e pā kau ana ki te ao Māori whānui.

Akoranga (Teachings)

Akoranga refers to the traditional teachings of a tribe, covering both spiritual values and social rules of conduct, with particular emphasis on the ethical values which are handed down by tribal elders to succeeding generations. Such values or teachings are often specific to a particular tribal group, but all have values that can be applied to Māori people as a whole.

Katarina Mataira teaching in the first Maori Primary School at Hoani Waititi Marae, Glen Eden, 1985.

Ao Mārama

Ko ia tēnei ko te ao e noho nei tātou. He ingoa anō tōna, ko te ao tūroa (ka roa te ao e tū ana). I te tīmatanga mai ka wehea te pōuri me te māramatanga i Te Kore. I reira, ko te ao mārama e karapotia ana e tēnei ao, e ngā rangi, tae atu ana ki te hōhonutanga o te kikorangi katoa, arā, ko te taiao whānui.

E mea ake ana te kōrero a ngā tūpuna, ka mate atu tātou ka whiti atu i te awa pōuri, ka tomo ki roto i te ao mārama, arā, te ao wairua. He ingoa anō tōna, ko te ao tū tonu (ka tū ake tonu atu).

Mō te taha mātauranga, ka puta tātou i te kūaretanga (arā, i te pōuritanga), ka hou ki roto i te ao mārama. Ko Tūmatauenga te ariki o te ao mārama. Ko tana wahine, ko Tahutapairu, ko ia 'te ariki o te pō rāua ko te wheiao'.

Ao Mārama (The World of Light)

Ao Mārama usually refers to the world in which we live, that is, on this earth. That world is also described as the Ao tūroa (the long-standing world). In the beginning, darkness and light evolved out of chaos, and the Ao Mārama comprised the whole universe—the earth, the heavens, and the depths of the firmament.

The 'spirit world' to which the dead go after passing through the veil of death, is also a state of Ao Mārama. This state is also known as the Ao tū tonu (the everlasting world).

In the acquisition of knowledge, one progresses from a condition of ignorance or darkness to enlightenment (Ao Mārama). Tūmatauenga (god of man and war) was the procurer of light. His wife, Tahutapairu, was 'the goddess of night and of the state of transition or change'.

Arikitanga

Ko tēnei te toi o te mana, arā, te mana tūturu, te mana motuhake, te mana teitei, te mana whakahirahira o te iwi Māori i runga i te whenua. E toru ngā wāhanga o te arikitanga: he mana atua, he mana tupuna, he mana whenua. Ko te tangata kei a ia te toi o te mana, e kīia ana he ariki. Kotahi ake te mana i tua atu i a ia, ko tō ngā atua. Ko ia anō te pou herenga o te iwi, kei a ia hoki te kupu whakahau, ka haere ngohengohe te iwi i raro i tāna e whakahau atu ai. Māna anō e ārahi atu tana iwi.

Ko ngā rangatira o runga i ngā waka i haere mai i Hawaīki, ko rātou ngā ariki o ngā iwi whakanoho i ngā rohe o Aotearoa: ko Hoturoa, te ariki o Tainui; ko Nukutawhiti rāua ko tōna taokete, ko Ruānui, he ariki rāua nō Ngāpuhi me Te Rarawa; ko Tamatekapua, he ariki nō Te Arawa me Tūwharetoa; ko Turi, he ariki nō Taranaki.

Nā reira, nā te tini o ngā hapū me ngā wehewehetanga i roto i ngā iwi, kāhore e tino mōhiotia ana i nāianei ko wai te tino ariki o tēnā iwi, o tēnā iwi. Engari kotahi tonu te iwi e mōhiotia ana ko wai te ariki, ko Tainui iwi me ōna kāwai e mau ana ki ngā kaupapa o te Kīngitanga. Mai i te tau 1858, i te wā i a Te Wherowhero, ā, puta noa ki nāianei, kua tū he ūpoko ariki mō te iwi nei. I te rā nei, ko Te Atairangikaahu e noho ana i runga i te ahurewa tapu o ōna mātua, tūpuna. Kua tohia ia hei kaipupuri i te mana o Tainui. Tēnā pea, ko Tā Hepi Te Heuheu te ariki mō Tūwharetoa, engari ko wai atu, ko wai atu, mō ētahi atu rohe?

I muri iho i te matenga o Tā Himi Hēnare o Ngāpuhi, ka puta te kōrero a ētahi kia rapua e rātou he ariki mō Ngāpuhi. Tēnā pea e kore e taea, nā te mea kua whakataukītia te kōrero 'Ngāpuhi kōhao rau'. Kei tēnā hapū, kei tēnā hapū tōna ake mana me ōna ake tikanga. E kore e taea e wai rānei te kōrero mō tētahi atu iwi, hapū rānei, mā rātou anō ā rātou kōrero; kei a rātou anō ō rātou ake mana.

Arikitanga (Chieftainship)

Arikitanga is the supreme power or status that can be achievable in the Māori world. There are three important aspects to this power: the power of the gods; chiefly lineage; and territorial possession, advantage, and control. A person who possesses these attributes is known as an ariki. The only greater power is that possessed by the gods. An ariki is the paramount chief who has the respect and allegiance of his or her subjects as he or she leads and directs the people.

The chiefs who commanded the canoes which came from Hawaīki-nui (or the Polynesian homeland) became the founding ariki of the tribal groups that subsequently settled throughout Aotearoa (New Zealand). Hoturoa became the ariki of Tainui: Nukutawhiti and his brother-in-law, Ruānui, became the ariki of the Ngāpuhi; Tamatekapua became the ariki of Te Arawa and Tūwharetoa; Turi became the ariki of Taranaki.

However, the many divisions within tribal groups make it very difficult now to determine who the paramount chiefs are for the various tribes. But there is no dispute about the ariki of the Tainui tribes. Since the coronation of the Māori King Pōtatau Te Wherowhero in 1858, there has always been a recognized ariki of the Tainui people. The present ariki, Dame Te Atairangikāhu, is their anointed Queen. One may correctly suppose that Sir Hepi Te Heuheu is regarded as the paramount chief of Tūwharetoa. But the ariki for many other tribes are not generally known.

Following the death of Sir James Henare of Ngāpuhi in 1989, a faction of the tribe submitted proposals to appoint a paramount chief for the Tai Tokerau. But agreement was not reached, and may never be, because, as the ancient saying puts it, 'there are many powerful chiefs in Ngāpuhi'. Subtribes have their own chiefs and customs and it is very difficult for them to reach a consensus on which chief should be paramount, for each group is accustomed to resolving its own situations in ways appropriate to its particular views and traditions.

Aroha

He mana te aroha, he tapu te aroha; koia hoki tētahi āhua o te mana
ahu mai i ngā atua. E toru ngā pūtake o ngā mea katoa: (i) he pū, (ii)
he kē, (iii) he hā. E rite ana ngā pūtake e toru ki te āhua o ngā kōrero e
whai ake nei:

> Pū ana roto,
> Kē ana waho
> Ka pū te rūhā
> Ka hao te rangatahi
> I runga i te mahi aroha.

Ko te pū, koia tērā ko te mana tāne; ko te kē, koia tērā ko te mana
wāhine; ko te hā, koia tērā te mana i aro mai i ngā atua.

E mea ana tātou te Māori kei a tātou anake tēnei taonga, te aroha. He
aha te aroha? Ko te aroha he tikanga whakaaro nui; ka aroha tētahi
tangata ki tētahi tangata, ki tōna iwi, whenua hoki, ki ngā kīrehe, ki ngā
manu, ki ngā ika, ki ngā mea katoa e tupu ake ana i te whenua. Ka aroha
te tangata ki tētahi atu, ahakoa he aha tōna āhua i roto i ōna pikitanga
ake, i roto anō i ōna heketanga iho, i roto i ōna hari, i roto i ōna pōuri, i
roto i āna mahi pai me āna mahi hē. E kīia rā e ngā mātua:

> Ehara te aroha i te kiri moko, engari koia tērā e pupū ake ana i te
> whatumanawa.

Ko te tangata e mea ana he aroha tōna, ka taea e ia te kite, te atawhai te
iwi whānui ahakoa iti, ahakoa rahi. Ko tāku e mīharo nei, ko te tini o tō
tātou iwi e kaha ana ki te hokihoki ki ā tātou hui i ngā papa kāinga. Ka
mahue i a rātou ā rātou mahi, whānau hoki, ka haere rātou ki te
whakahoki i ngā mate ki te kāinga. Ko ētahi tāngata he kaha ki te haere
hui, arā, mō ngā tāngata rongonui; engari mō ngā tāngata mana kore,
kāhore ia e whaiwhakaaro ki te haere ake. Ki a au nei, kāhore te aroha e
mau pono ki roto ki tēnei momo tangata.

Koia nei te akoranga a ōku mātua:

> Ka tae mai he tangata ki tō kāinga, mihia, ā, whāngaia ahakoa he kapu tī noa
> iho.

Nā tēnei tū tikanga ka mōhio koe mena he aroha tō te tangata, kāhore rānei.

Aroha (Love, Sympathy, Charity)

Aroha is a sacred power that emanates from the gods. There are three essential elements to all things: the *pū* or positive force, the *kē* or negative force, and the *hā* or life-giving energy or force. These elements are described in the following statement:

> The nucleus or positive force is at the centre.
> The negative force is the outer shell,
> The old elements are discarded
> And the new elements are created,
> By the power of aroha.

The pū is the male element; the kē is the female element; and the hā is the life-giving power of the gods. Aroha is the creative force that emanates from the gods.

Sometimes Māori think of themselves as having a monopoly over the gift of aroha. What is aroha? Aroha in a person is an all-encompassing quality of goodness, expressed by love for people, land, birds and animals, fish, and all living things. A person who has aroha for another expresses genuine concern towards them and acts with their welfare in mind, no matter what their state of health or wealth. It is the act of love that adds quality and meaning to life. According to the elders:

> Love is not skin deep like the tattooed face of a chieftain, but swells up continually from the depths of one's heart.

A person who claims to possess the gift of aroha demonstrates this love by sharing it with all people and without discrimination. I marvel at the aroha of many Māori who, upon hearing that a relative has died, leave work sometimes their family and travel to their home village to assist the bereaved family in the funeral rites. There are some who go frequently to these functions, especially when people of high status die, but who are reluctant to participate when it comes to the death of people of lesser status. In my view, such people do not possess the true spirit of aroha.

My own parents gave the following advice to us as children:

> When visitors come to your home, welcome them and offer them something to eat, even if it is only a cup of tea.

By such actions you will know if a person has genuine aroha or not.

An expression of aroha by Miro Hawke for children at Orakei. *Gil Hanly*

Atua

Ko ngā atua ko rātou ngā kaihanga o te taiao whānui: ngā momo ao, ngā whetū, te rā me ngā mea ora katoa, ā, tae noa mai ki a tātou ki te tangata. E kīia ana, ko Io te atua nui. He maha rā ōna ingoa me ōna āhuatanga: Io-taketake, Io-matangaro, Io-te-wānanga, Io-te-waiora, Io-te-whiwhia, Io-mataaho, te aha, te aha. Nāna ngā mea katoa i hanga. Ka pāohotia e ia te hau ki runga i te mata o Te Kore, ā, ka whai āhua ngā mea katoa. Ka puta i Te Kore ko te pōuri rāua ko te māramatanga. Tā te pōuri ko Papatūānuku; tā te māramatanga ko Ranginui.

Ka moe a Ranginui i a Papatūānuku, ka puta ko ngā atua katoa o tēnei ao. E meatia ana e whitu tekau ō rāua uri, engari e waru anake e kōrero whānuitia ana: ko Tangaroa, ko Tāne, ko Tāwhirimātea, ko Rongomatāne, ko Haumia, ko Rūaumoko, ko Tūmatauenga, ko Whiro. Ka whakamāramatia ake te āhua o tēnā, o tēnā.

Tangaroa: Ko ia te atua o ngā moana, roto, awa hoki. Ko ia te ariki o ngā momo ika katoa, tae atu ki ngā momo kai mātaitai. Kei a ia anō ētahi taonga nunui. Ka puritia ake e ia te wānanga o te whakairo me ētahi atu taonga. Ko tōna tēina, ko Whiro, noho ai ki roto i a ia; ko rāua tahi akiaki ai i te tangata.
Tāne: Ko ia te ariki o te ngahere me ngā manu hoki a Rehua. Nāna i whakawehe ngā mātua ka tokona te rangi ki runga ake, ka puta atu rātou ngā uri ki te wheiao, ki te ao mārama.
Tāwhirimātea: Ko ia te ariki o ngā hau nui o ngā tūpuhi me ngā āwhā. Kīhai ia i tautoko i ana tēina kia whakawehea ō rātou mātua. Ka noho ia me tana matua ki te rangi. E whawhai tonu ana ia ki ōna tēina katoa.
Rongomatāne: Ko ia te ariki o ngā māra kai, o te kūmara me ngā momo hua katoa. Ko ia anō te atua o te maungārongo, nā te mea, i te wā e mahi kai ana te iwi, kāhore e whawhai ana; e noho ana ngā tāne ki te mahi kai.
Haumia: Ko ia te ariki o te aruhe me ngā momo kai e tupu kau noa i te whenua. I te wā e whakawehea ana ngā mātua, ka ngaro ia ki roto i te whenua, nō reira ka whai mana ia ki te kai e tupu noa ake.
Rūaumoko: Ko ia te ariki o ngā hiko, ahi puku me ngā rū whenua. E meatia ana e noho tahi ana rāua ko Hinenuitepō, te ariki o Rarohēnga.
Tūmatauenga: Ko ia te ariki o te tangata. Ko ia anō te ariki o te riri, o te pakanga. Ka moe ia i a Tahutapairu ka puta ki waho ko Aituā mā. Ko Tūmatauenga te kaiwhakaputa i te tika, i te hē, i te pai me te kino, i te ora me te mate. Ko ia anake e kaha tonu ana ki te whawhai ki ōna tūākana, ki ōna tēina kia noho ia hei toa rangatira ki runga ake i a rātou.
Whiro: Ko ia te atua o te kino. Nāna anō i tuku atu ōna kāhui ki te pakanga

ki a Tānenuiarangi i a ia e piki ake ana i te toi huarewa ki te tiki i ngā kete wānanga.

Nā, nō te taenga mai o te Pākehā ka mahue ake ngā atua Māori, kua aro atu te Māori ki ngā atua karaitiana, arā, ki te Atua Matua, me tāna Tama Kotahi, ki a Ihu Karaiti. I konei ka tupu ake ngā hāhi Māori i runga anō i ngā tikanga tawhito, me ngā tikanga karaitiana.

I nāianei tonu, ko ētahi o ngā Māori kāhore e tino whakapono ana ki ngā hāhi o tauiwi—e hiahia ana rātou ki te hoki ki ō rātou ake atua me ā rātou tikanga karakia. I roto anō i ētahi o ngā karakia mihinare kua whakaurua ētahi o ngā tikanga Māori ki roto i ā rātou pukapuka.

Atua (Gods)

The atua are the gods responsible for the creation of the universe: the planets, stars, the sun, and every living thing on the earth, including mankind. It is said that Io is the supreme god and he is known by many names: Io-taketake (from whom all things have sprung), Io-matangaro (Io of the hidden countenance), Io-te-wānanga (the all-knowing god), Io-te-waiora (Io the giver of life), Io-te-whiwhia (Io the omnipotent, the unfathomable one), Io-mataaho (Io of the flashing countenance). The power of Io moved upon the elements of chaos, and from chaos came eons of darkness, from which light was emitted. From these forms of energy, light and darkness, evolved Ranginui (Sky Father) and Papatūānuku (Earth Mother).

Ranginui lay with Papatūānuku, and their children became the gods of this world. There are reputedly seventy gods in the Māori pantheon, but only eight are widely known. They are Tangaroa (god of the sea), Tāne (god of the forests), Tāwhirimātea (god of winds and elements), Rongomatāne (god of the kūmara and cultivated crops), Haumia (god of the fernroot and wild fruits and herbs), Tūmatauenga (god of man and war), and Whiro (god of evil, disease, and pestilence). The following details provide a brief outline of their roles in nature.

Tangaroa: Tangaroa is the god of the sea, lakes, and rivers, with dominion over all creatures which live in them. Tangaroa possesses several gifts, chief of these being the art of carving. Whiro dwells in the depths of Tangaroa, and together they are a formidable force in inflicting aggression upon the children of men.

Tāne: Tāne is lord and master of the forests and the birds of Rehua (caretaker of bird life). He was responsible for separating Ranginui and Papatūānuku from their close embrace by thrusting Ranginui upwards. By this act the children were able to escape into the world of light.

Tāwhirimātea: Tāwhirimātea is the lord of the elements: the winds, storms; and tempests. He was the only one of the children who would not agree to the separation of his parents and as a result he chose to remain in the company of his father. He continues to inflict great destruction on his brothers as a reminder of his disapproval of their actions.

Rongomatāne: Rongomatāne is the god of the kūmara and all cultivated foods. He is also known as the god of peace because when men were not engaged in warfare they remained at home cultivating their crops.

Haumia: Haumia is the god of the fernroot and nutritious wild herbs. At the time of the separation of his parents Haumia tried to offer support by burrowing into the ground, and thus he became the god of fernroot, wild herbs, and fruits.

Rūaumoko: Rūaumoko is the god of volcanoes and earthquakes. He is said to dwell with Hinenuitepō in the underworld beneath the earth.

Tūmatauenga: Tūmatauenga is the god of man, but he is more commonly known as the god of war. He married Tahutapairu and they begat Aituā and others. Tūmatauenga was responsible for introducing opposing forces—right and wrong, good and evil, health and sickness—into the world when he proposed to slay his parents. He is determined to gain control over his brothers as he continues in his courageous efforts to subdue the world.

Whiro: Whiro is the god of evil. He sent his armies to attack Tānenuiarangi as he ascended the sacred vine to retrieve the baskets of knowledge.

Since the arrival of Christianity, the Māori have all but abandoned their traditional gods for belief in the Christian God and Jesus Christ. In a few cases, the Māori have attempted to mix aspects of their traditional beliefs with biblical teachings.

Today there are a number of Māori who are dissatisfied with Christian practices and who are choosing to revive beliefs in the traditional gods. There are other less radical approaches, too; the new Anglican prayer book, for instance, contains some traditional Māori concepts along with Christian liturgy.

Tane Mahuta 'God of the Forest', Waipoua, Northland. *Puea Cassidy Smith*

Hahu

I ngā wā o mua, inā mate atu he tangata, ka whakairia te tūpāpaku ki runga i tētahi rākau, atamira rānei, kia rewa ai ngā kikokiko. Ka roa e tare ana, ka maroke, ā, ka mauria ki ngā ana, ki te takotoranga whakamutunga iho. Nā, koia tēnei ko te mahi hahu.

Nō muri mai i te taenga mai o te Pākehā, ka mahia e te Māori he wāhi tapu pērā i tō tauiwi. Nō konei, ka haere ngā Māori ki te tiki i ngā kōiwi i roto i ngā ana, ka mauria ake ki ngā wāhi tapu. Ko tōna tikanga, he mahi hahu anō tēnei.

He toka kei mua i tō mātou papa kāinga i Whirinaki. I kīia e ngā mātua, koia tērā te wāhi i okioki ai ngā kaihiki kōiwi, ā, ka haere rātou ki te wāhi tapu, ka tanu i ngā wheua.

I nāianei tonu, ki te keria ake he poka tūpāpaku, ahakoa he aha te take, he mahi hahu anō tēnei.

Eruera Morunga of Whirinaki participated in hahu ceremonies in the early part of this century. *Rachel Barlow*

Hahu (Exhumation)

In former times when a person died, his or her body was suspended in a tree or placed on a special platform until just the bones were left. When the flesh had all disintegrated, the bones were taken and interred in a cave or some other special burial place. This is the origin of the term hahu.

After the Pākehā arrived, areas of land were set aside by them as cemeteries. The Māori took it upon themselves to fetch the bones of their ancestors from the sacred caves and re-bury them in these cemeteries. This custom is also known as hahu.

There is a rock in the front of my family home at Whirinaki, which, according to my elders, was the place where the men rested after gathering the bones of ancestors from nearby caves before going to the cemetery to bury them.

In modern times, regardless of the reason why a body is exhumed, the process is termed hahu.

Hākari

Ko te hākari he kai nui, he whakangahau hoki. I ngā wā o mua, ki te huihui ngā Māori ka tū he hākari hei whakamutu i taua hui. Ka takaia ngā momo kai katoa e te tangata whenua mō te hākari. Ka hangā e rātou he atamira, ā, ka whakatarea ngā kai ki reira. Nā, ka haere mai ngā tāngata ki te tiki kai mā rātou. Kia pau rā anō ngā kai ka hokihoki ngā tāngata ki ō rātou kāinga.

E haere tonu ana ēnei tū mahi i roto i ngā hui o nāianei. Ko te kai nui mō aua hui ka whakatikatia mō te rā whakamutunga o te hui. I roto i ngā hui tangihanga, ka whakatūria te hākari i te rā nehutanga o te tūpāpaku. Ko tētahi o ngā tikanga, he mea whakahoki mai i te whānau pani i te wheiao (ao wairua) ki te ao mārama, arā, ki te hunga ora. Mō ētahi Māori, ka noho puku rātou i ngā rā e takoto ana te tūpāpaku, kia tae rā anō ki te rironga ki tōna takotoranga whakamutunga, kātahi anō ka kai te hunga e noho puku ana.

Kāti rā, ahakoa he hui mārena, hura kōhatu, huritau rānei, ko te hākari te kai nui o aua hui. Mā roto i ēnei āhuatanga ka mōhiotia pēhea te nui o te aroha o te tangata, pēhea anō hoki tō rātou kaha ki te manaaki tangata.

Hākari at Old Governmant House, Auckland University, 1988. *Auckland University, Department of Anthropology*

Hākari (Community Feast)

The hākari is a special feast or banquet and is often accompanied by entertainment. In the past when people gathered together for a particular function, they would draw it to a conclusion with a great feast. All sorts of foods were prepared by the hosts for the feast, and these were sometimes displayed on a specially erected pyramid structure. People would come forward and take whatever food suited their fancy, and when it was all consumed would return to their homes and villages.

A comparable custom is still part of today's social functions. A feast is usually prepared for the last day or evening of a function. At funeral services the hākari is prepared for the day of burial. One of the reasons for this custom is to uplift and support the bereaved family by leading them gently from the rituals by which they expressed their sadness back to the world of reality, so that they can pick up their lives once more. It is a custom also among a number of Māori to fast while the body of a dead person is lying in state, and not to end their fast until after the burial.

Regardless of whether it is a wedding, the unveiling of a tombstone, or a birthday, the hākari is a special meal, and it is often a good measure of the generosity and hospitality of the people responsible for putting it on.

Hāngi

Ko tētahi o ngā kupu, he umu. Ko te hāngi, he wāhi rua pāpaku ka keria i te whenua. Nā, ka tahuna he ahi me ngā kōhatu ki runga. Ka wera ngā kōhatu, ka whakatika i te rua, ka waiho ake ko ētahi waro me ngā kōhatu ki roto. Nō konei, ka meatia ngā kai ki runga i ngā kōhatu; ko ngā mīti ki raro me ngā kūmara, rīwai hoki ki runga. Mutu atu tēnei, hīpokina ai te hāngi ki te whāriki, nā waiho ake kia māoa.

I ngā wā o mua, ka mahia he hāngi tapu, he tikanga mō ngā mahi whakanoa i te tapu o te whare, mea anō rānei. Ka tunua he kūmara ki roto i te hāngi, nā ko te kai māoa te mea whakanoa i te tapu. Mā te hāngi e taea ai te eke o te hā o te kai ki ngā atua, tēnā pea koia nei te pūtake o te kupu hāngi, ka hāngia te kai kia puta te hā, ka noho kau noa iho te kikokiko (nā te mea kua patua te manawa ora o te kai e te wera).

Ka hangā he whare hou ka tahuna he ahi tapu ki roto i te poho o te whare hei manawa tapu mō taua whare, hei tohu hoki mō te ahi kōmau. He mea anō, i te wā i tīkina e Tānenuiarangi ngā pūtea wānanga, ka tiritiria, ka poupoua ki Papatūānuku, ka tahuna he ahi tapu ki runga hei ārai atu i te hunga poka noa, hei tohu hoki mō te ahi kōmau.

Lifting a hāngi at Rongomai Aniwaniwa Marae, Tikitiki. *Jeremy Salmond*

Hāngi (Earth Oven)

Another name for hāngi is umu. Umu is the more common name throughout Polynesia. The hāngi consists of a shallow hole dug in the ground. A fire is prepared in the hole and stones are placed on top of it. When the stones are hot the hāngi is prepared for cooking by leaving the hot stones and some of the coals at the bottom of the hole. The food is placed on top of the stones, the meat first, with the vegetables, such as kūmara and potatoes, on top of it. The hāngi is then covered with leaves or mats woven out of flax and left to cook. Soil is usually heaped over the mat cover to keep the heat in.

In former times (and sometimes today), special sacred hāngi were made as part of the ritual for opening a new house, or at harvest time when the fruits of the earth were gathered in. For these rituals, kūmara were cooked in the hāngi because it is believed that cooked food has the power to disperse tapu. Through the process of cooking in the hāngi the essence of the food ascends to the gods, thus rendering the food useless and devoid of the power to reproduce. This may be the derivation of the word, hāngi: the food is roasted so that the hā (or life essence) is released and the remainder is rendered devoid of its goodness as a living entity. Cooked food is also used in many ritual ceremonies to render the power of tapu ineffective.

Traditionally, when a new house was built, a special fire or hāngi was lit inside the house to symbolize the sacred mana of the gods (the ahi tapu). Also, at the time that Tānenuiarangi retrieved the sacred knowledge from the gods, he implanted it into the earth. A sacred fire (representing the ahi kōmau) was then lit above it to guard against unauthorized persons gaining access to the knowledge.

Hapū

Koia tēnei tētahi o ngā wehewehenga tāngata i roto i te iwi. I te nuinga o ngā wā, ka tini haere ngā whānau ka wehea he hapū anō. Ka whakatūria he rangatira mō te hapū, ka noho atu rātou i tētahi wāhi whenua. Ka mau rātou ki te ingoa o te rangatira hei ingoa hapū. Kei roto i a Ngāpuhi e toru ngā hapū o Ngāi Tawake: Ngāi Tawake ki te moana (kei ngā takiwā o Te Tī); Ngāi Tawake ki te tuawhenua (kei ngā takiwā o Taiāmai); me Ngāi Tawake ki te waoku (kei ngā takiwā o Matarāua).

Ko ētahi o ngā ingoa hapū kāhore e tino tapangia ki te ingoa tūpuna, engari he ingoa mai rā anō i Hawaiki. Ko tētahi o ngā hapū kei Hokianga, ko Te Hikutū. Ko te tikanga o tēnei ingoa e hāngai ake ana ki te wā i ārahina e ngā atua o ō tātou tūpuna i Hawaiki. Ko te kōrero, ko te hiku o te ika te tohu mō tēnei hapū. Pērā anō a Ngāti Kaitūtae, he ingoa tino rangatira. I te haerenga mai o ngā Māori i ngā moutere o te Moana-nui-a-Kiwa, ka karakia rātou ki te atua kia tukuna tētahi tohu o tōna mana hei ārahi, hei tiaki hoki i a rātou. Kātahi ka tonoa e te atua tētahi wāhi o tōna mana kia uru ki roto i te tohorā. Kātahi ka kai te ika nei i ngā tūtae e teretere ana i te ia o te moana. Koia nei te whakatinanatanga o te mana i ahu mai i te ao wairua.

Members of the Ngāi Tawake ki to Waoku hapū, Mataraaua, 1945. *Mrs Tare Witehira*

Hapū (Sub-tribe, Clan)

The hapū is a sub-division of a tribe; a number of hapū make up an iwi, with a paramount chief at the head. When several families increased in size, a new hapū was formed. A prominent leader was selected as chief of the new clan and they settled in a particular territory or on a piece of land belonging to the tribe as a whole. They often took the name of their chief. For example, there are three divisions of the hapū or sub-tribe of Ngāi Tawake: Ngāi Tawake of the sea coast at Te Tī, Ngāi Tawake in the hinterland at Taiāmai, and Ngāi Tawake of the inland forest at Mataraua.

Some of the tribal names do not derive from clan leaders, but are names which have been brought from the Hawaiki homeland. One of the names of the hapū of Hokianga is the Hikutū. The meaning of this name relates to the time when our ancestors were guided here by the gods from Hawaiki; according to legend, it is the tail (hiku) of the fish that is the symbol of this sub-tribe. Likewise with Ngāti Kaitūtae ('eat waste'), which, surprisingly perhaps, is really a very chiefly name. When the Māori came from the islands of the Pacific Ocean they prayed to the gods to send them a sign to lead and guide them on their journey. The gods sent forth a portion of their power and spirit in the form of the whale or tohorā. The fish ate the plankton (tūtae) floating in the currents of the sea. The whale was the embodiment of the power and spirit of the gods. The power of the gods came down into the world of flesh; that is, the power of the gods was made manifest in a physical form.

Hīkoi

Ko te hīkoi te tikanga haere raro, e pērā ana i te kupu hōkai i runga anō
i te kōrero:

Tēnei au te hōkai nei i tāku tapuae, ko te hōkai nuku, ko te hōkai rangi, ko
te hōkai o te tupuna, a Tānenuiarangi.

Ka rangona anō te kōrero i roto i ngā karakia poroporoaki ki te hunga
mate.

Ahakoa kua riro atu tō tinana ki te kōpū o Papatūānuku, kei te hīkoi tonu tō
wairua, kia tae rā anō ki te rangi.

Ka mutu, i roto i ngā tau tata ake nei, kua whakaritea te mahi hīkoi ki
ngā raruraru o te iwi mō ngā mahi tūkino a te Pākehā e pēhi iho nei i te
mana Māori i runga i ngā mahi raupatu whenua, mahi takahi i te reo me
ērā atu tū āhuatanga kino e mahi nei a tauiwi. Ka tū te rā nui ki
Waitangi, ka mine ngā rōpū taua, pērā i a Ngā Tama Toa, ka hīkoi rātou
ki Waitangi ki te whakatakoto i ō rātou nawe ki te aroaro o te
kāwanatanga. Ko tā rātou tangi e pēnei ana:

Whakahokia mai ō mātou whenua Māori, whakamanatia te Tiriti o Waitangi!

Nō reira, ahakoa ka mau herehere ētahi o rātou, e kaha tonu ana rātou
ki te werowero i te kāwanatanga me ngā kamupene taiāwhio ki te
whakamutu i ā rātou mahi takatakahi i ngā whenua me te mana
motuhake o te tangata whenua. E mahara tonu ana tātou ki te rōpū
takariri ki te Kamupene Rino me ā rātou mahi tutū ki ngā wāhi tapu, ki
ngā whenua i roto i te takiwā o Waiuku ki te hauāuru. Heoi, nā ēnei
mahi werowero a te iwi, ka aro mai a tauiwi ki ngā take Māori.
  Ko te hīkoi tino nui rawa i kitea i tēnei whenua nā te Whāea o te Tai
Tokerau, nā Whina Kupa, i ārahi i te tau 1975. Ka tīmata mai i Te Hiku o
te Ika, i Te Hāpua, tae rā anō ki te Ūpoko o te Ika, i Pōneke. Ko te take o
tēnei hīkoi, ko ngā whenua raupatu me ētahi atu raruraru e pā ana ki te
Tiriti. Ka nui te mīharo ki te āhua o tēnei hīkoi. I te tīmatanga, itiiti noa
iho ngā tāngata i roto i te hīkoi, engari ka tae ki Takapuna e hia rau
tāngata ka whakawhiti i te Arawhata o Ākarana, ā, haere tonu rātou. I
ngā pō, ka noho rātou i ngā marae i tō rātou huarahi; nā ngā Māori

rātou i whāngai, i manaaki. Ka tae ki te Whare Pāremata, ka tini rawa ngā tāngata i tautoko ake i te hīkoi, ā, ka whakatakotohia e Whina mā ā rātou kaupapa ki te aroaro o te Pīrīmia.

Heoi anō, nā ēnei mahi, ka huri mai a tauiwi ki te tirotiro i ngā nawe o te iwi. Ko te hanga, ka haere tonu ēnei mahi ā ngā rā heke iho.

Hīkoi (Protest March, Walk)

Hīkoi is a term meaning to walk or to step; it is equivalent in meaning to another word hōkai, meaning to straddle, as in the following saying:

> Here am I straddling and leaving my imprint on earth and in the heavens above, as the ancestor Tānenuiarangi straddled earth and heaven.

The term is used in eulogies and farewells to the dead as in the following:

> Even though your mortal body shall be interred in Mother Earth, your eternal spirit will continue to travel until you reach the heavens.

In recent years the term hīkoi has come to be linded with Māori protests against the injustices of Pākehā government; for example, against land confiscations, fisheries exploitation, and the failure to support Māori language and culture. During Waitangi Day celebrations, protest groups such as Ngā Tama Toa organize protest marches to Waitangi in order that their concerns for justice can be put before Members of Parliament and prominent leaders. Their rallying cry on the march takes the form of the following:

> Give us back our land, our language and cultural heritage! Honour the Treaty of Waitangi!

Some of these protestors have from time to time been arrested and imprisoned, but they still continue to attack the government and multinational companies for their exploitation of the land or the destruction of Māori culture. One incident involved a group that demonstrated against New Zealand Steel for its insensitivity in mining the sands near sacred burial sites around Waiuku. It is by these kinds of activities that the attention of the Pākehā is drawn to Māori issues.

The most memorable hīkoi took place in 1975 when the Dame of the

North, Whina Cooper, organized a protest march about land loss. It began in the Far North at Te Hāpua and ended at Parliament Buildings in Wellington. The reason for this hīkoi was to protest against confiscation of lands and to seek appropriate reparation. Other concerns relating to the Treaty were also raised. It was quite a spectacle. At the beginning there were very few people marching, but by the time the group arrived at Takapuna, several thousand supporters (both Māori and Pākehā) crossed the Auckland harbour bridge and carried on south. During the evenings the marchers were hosted at various marae along their route, and were treated very hospitably by the local people. On these marae, too, they had the opportunity to talk about their protest and to enlist more supporters. When the hīkoi finally arrived at Parliament Buildings, several thousand people gathered outside while Dame Whina presented her petition to the Prime Minister.

Hīkoi has acquired a new popular meaning, in the sense of stepping or marching out to address injustices and to persuade government to attend to the needs of Māori people. Such confrontations will persist in the future unless some positive action is taken to redress past unjustices.

Hīkoi to Waitangi celebrations, 1983. *Gil Hanly*

Hongi

E rua ōna tohu nui: he maungārongo, he tohu tātai hono, arā, he tohu oranga. I mua atu i te wehenga o Ranginui rāua ko Papatūānuku, he maungārongo kei waenganui i a rāua—kāhore he raruraru, kāhore he riri. Ka takoto tāpapa a Ranginui ki runga i a Papatūānuku, ka whakapiri atu rāua ki a rāua. Ko Ranginui ki runga, ko Papatūānuku ki raro, ka pā kau atu ō rāua manawa tapu ki a rāua. Koia nei te tohu o te maungārongo, o te whakakotahitanga o ngā whakaaro, o ngā hiahia, o ngā tūmanakohanga. He pērā anō ngā manuhiri me ngā tāngata whenua. Ka mutu ngā mihimihi, ka mau te rongo i roto i te tikanga harirūtanga.

Ko te tikanga tuarua, he tohu oranga; nā te mea, e hāngai ake ana te hongi ki te wā i whakahāngia iho e ngā atua te manawa ora ki roto i te tangata. Nō koneki, ka whakatau mai te mauri kia honoa ai te tinana wairua ki te tinana kikokiko, ā, ka tū te ira tangata.

He manawa ka whītikitia,
He mauri ka mau te hono.

Nā, ko te hongi e tohu ana kua tau mai te mauri. Ki te mea, kāhore ko te mauri e hono i ngā tinana e rua ka mate taua mea. Kua kōrerotia tēnei āhuatanga e ngā mātua: 'Ko te hunga mate kua wehe koutou i te hono, kōkiri wairua ki te tihi o mauri aituā.' Nō reira, ka mate atu he tūpāpaku, he wehenga nō te wairua me te tinana kikokiko. I te wā e takoto ana i te atamira, ka hongi kau atu te tangata ora ki te tūpāpaku hei tohu, ahakoa ka riro atu te tinana kikokiko ki te kōpū o Papatūānuku, ka hīkoi haere tonu te wairua ki roto i te ao tū tonu, ka tū ora mutunga kore ki reira.

Ki ētahi tāngata e rua pānga o te ihu ka ea te mahi hongi. Nā, ko taua āhua kua whakamāramatia i runga ake:

Ko te hongi tuatahi e tohu ana i te whakahāinga o te manawa ora me te maungārongo ki roto i te tangata.
Ko te hongi tuarua e tohu ana ko te oranga wairua o te hunga kua mate—ahakoa mate kei te ora tonu.

Nā roto i ēnei āhuatanga whakaaro, ka mau tonu ngā tikanga o te hongi puta noa i ngā whakatupuranga i runga anō i tā te Māori titiro ki te ao.

Hongi (Salutation)

The hongi, the act of pressing noses, has two primary meanings: it is a sign of peace and also a sign of life and well-being. Before they were separated, Ranginui (Sky Father) and Papatūānuku (Earth Mother) lived in blissful harmony with each other; there was no anger or strife between them. Ranginui lay stretched out over Papatūānuku and they embraced each other fondly. In this state they shared the essence and quality of each other's being. Such an idyllic state or condition betokens peace and oneness of thought, purpose, desire, and hope; and such is the desire of the hosts and visitors when they greet (hongi) one another after the formal speech-making on the marae.

The second meaning of the hongi is as a sign of life and immortality, and it symbolizes the action of the gods in breathing into humans the breath of life. By this action, the life-force is permanently established and the spiritual and physical bodies become a single living entity. The heart may provide life in the physical sense, but the mauri (binding power) ensures that the life-force is established.

Kuia performing the hongi at Turangawaewae, Coronation Hui, 1971.
Jeremy Salmond

The hongi signifies that life comes from the gods. If the power of the gods is withdrawn the person or creature dies. Our elders have expressed these ideas in this way when speaking of the dead: 'You who are deceased, you have been separated—body from spirit—and the spirit ascends to the pinnacle of death.' Therefore, when a person dies and is lying in state on the marae, some people hongi the deceased as a token of life, that is to say, even though the body is consigned to Mother Earth, the spirit lives on and returns to the world of the gods.

It is customary for some people to hongi twice. There are two reasons for this custom:

> The first hongi symbolizes unity and peace between individuals
> The second hongi signifies that the spirit of the deceased lives on in another realm; that in death there is life.

For these reasons, then, the custom of the hongi is carried on from generation to generation and carries with it a deep spiritual meaning for the Māori.

Hura Kōhatu

Koia tētahi o ngā momo hui Māori ka whakaritea mō te whakatū tohu whakamaharatanga mō te hunga mate. Kia pau te kotahi tau o te matenga o tētahi tangata, ka whakatūria e te whānau he kōhatu ki runga i tana rua. Ka hoki mai ngā whanaunga ki te āwhina mai i te whānau nā rātou te hui hura kōhatu. Ka tū ēnei hui i te wiki o te Aranga nui o te Karaiti, hei tohu anō i ara ake te Karaiti i te mate, ka pērā anō te hunga mate ā tōna wā.

Ko tētahi o ngā tikanga, ka haere ngā tāngata i te ata pō ki te hīpoki i te kōhatu i mua atu i te whitinga o te rā. Ko te take i pērā ai, koia tonu te wā e haereere tonu ana ngā wairua me ngā atua, ā, kei reira anō rātou e tohutohu ana i ngā tikanga mō te hunga ora. I muri i te huranga o te kōhatu, ka hoki atu ngā tāngata i te urupā, ka noho rātou ki te hākari.

Ko te hui hura kōhatu e pērā ana i te hui tangihanga, engari he tini ngā kōhatu ka hurangia i te rā kotahi. Ka huihui ngā whānau nō rātou ngā kōhatu, ka āwhina rātou i a rātou me te iwi whānui. E hia marama i mua atu i te hui, ka tukuna atu he pānui ki ngā whanaunga kia mōhio mai rātou āhea te hura kōhatu.

Ko ngā kākahu i hīpokina ai ngā kōhatu, ka puritia ake mō tētahi atu hura kōhatu ā ngā rā ka heke iho. I ētahi wā ka tino tukuna ngā kākahu nei i runga i te marae ātea, i te kauhanga roa o te whare rānei ki ngā tāngata e hiahia ana ki te whakamihi ā muri ake. I ngā wā o mua kia tika te tātai o te tangata e hiahiatia ana, kātahi anō ia ka whiwhi i taua kākahu. Ka nui te aroha o te iwi Māori ki te hunga kua riro atu. E kore te hunga mate e warewaretia.

An unveiling ceremony at Puke Whekii cemetery, Taheke, Hokianga.
Puea Cassidy Smith

Hura Kōhatu (Unveiling Ceremony)

The hura kōhatu or unveiling ceremony is one of many types of hui (social gatherings) organized by the Māori, and is a special occasion for remembering the dead. When a person has been dead for a year or more the family will erect a headstone on the grave. Several families belonging to a particular area or tribal grouping often assist with the memorial gathering. Quite often these gatherings are held around Easter, indicating perhaps a connection with the Christian ideas of the resurrection of Christ, and the people's expectation that their relatives will rise from the dead at some future time.

One of the customs of the hura kōhatu is for members of close kin to go before sunrise, while it is still dark, to cover the headstone with a cloth. It is believed that the spirits of those who have died, and the gods, are present in the cemetery and are able to influence the living in some way. When the unveiling service is over the people return from the cemetery and take part in a special feast or hākari.

Unveiling services are very much like funerals, but usually many headstones are unveiled on the same day, and in such instances many families will co-operate with one another to make it a successful and memorable event. Often, months of planning go into these hui and notice of an unveiling is sent out to family, relatives, and friends a few months in advance.

The special cloths that are used to cover the headstones are often kept for future unveiling ceremonies. In the past it was a regular practice to present these cloths on the marae ātea, or in the carved meeting-house, to those who would like to make use of them for future unveilings. On such occasions, one would have to claim a right to use the cloths by giving genealogical evidence of relationship to the family of the deceased. Nowadays this practice is not very common.

The extent to which Māori people go to remember and pay tribute to the dead is indicative of their great devotion to departed loved ones.

Ihi

Koia nei te mana motuhake o te tangata i runga anō i tōna mau kaha ki
ōna atua, ki tōna tohungatanga rānei me ōna tū āhuatanga tangatatanga
o te tinana, wairua, hinengaro hoki. He ihi tō tēnā tangata, tō tēnā
tangata; engari e taea ana te whakatōpū te ihi o tēnā, o tēnā i roto i ngā
rōpū tāngata, mea rānei. He mana motuhake tō tēnā mea, tō tēnā mea.
He ihi tō te rākau, tō te manu, tō te ika. He ihi anō tō te kai. Ko te
kūmara papai he kaha tōna ihi; ko te kūmara koretake he waiwai noa iho
te ihi.

E rerekē ana te ihi i te mauri. Ko te mauri he mana homai noa e te
atua kia tū ora ai ngā mea whai ora ki runga i te mata o te whenua;
engari, ko te ihi, koia tērā te mana o te mea ora i runga anō i tōna kaha
ki te whakatupu i te mauri ora kei roto i a ia. Nō reira, ka rerekē te ihi o
tētahi mea, i tētahi atu.

Kua rongo tātou i te kōrero: 'mauria ake te ihi o ngā toa, te mana o
ngā toa'. Ko te tikanga o tēnei kōrero e whakamārama ana i te
pakaritanga, i te kaha hoki o ngā toa ki te whawhai. Kua whakapaua atu
ō rātou whakaaro, mana, kaha hoki ki tēnei mahi, arā, ki te mau patu, ki
te whawhai hoki.

Ihi (Vitality, Quality of Excellence)

Ihi refers to the vitality or total personality of a person, which increases through devotion to the gods and the development of one's skills and talents. Ihi encompasses every part of one's being, and includes one's physical, spiritual, and psychological attributes. The ihi of one person is different from that of another, although individual ihi can be manifested and combined with that of others in a group.

Everything, including animals and plants, has a special power or unique quality known as ihi; there is the ihi of trees, of birds, and of fish. Food also has ihi. For example, a kūmara of excellent quality would have a strong ihi, but an inferior kūmara has little ihi.

Ihi is defferent from the mauri or essential life-force of a person or thing. The mauri is the unique power given by the gods to all living things on the earth; ihi is the power of living things to develop and grow to their full maturity and state of excellence. Therefore, each living thing has a unique degree of ihi and develops within the bounds of its species.

There is an often-quoted expression: 'Bring forth the ihi of the warriors, the power of the warriors, the excellence of the warriors.' It implies that the warriors have developed themselves to the peak of form and skill in readiness to do battle, and that they have expended all their thought, time, and energy in achieving a state of readiness, courage, and prowess.

Iwi

Koia nei te rōpū nui o te Māori. He maha rā ngā hapū i roto i te iwi kotahi. He ariki te rangatira kei runga i te tūranga teitei o te iwi. Ka noho te iwi i tētahi wāhi o te whenua. Tirohia te whakapapa i raro nei:

Iwi—Ariki
Hapū—Rangatira
Whānau—Kaumātua

I ngā wā o mua, he iwi ēnei rohe: a Ngāpuhi, a Te Rarawa, a Ngāti Whātua, a Ngāti Kahu me Te Aupōuri. I nāianei kua whakakotahingia ēnei iwi e rima i raro i te maru o Tai Tokerau whānui. Ko te tāhuhu whakapapa te tikanga tātai hono i te iwi. Ko tētahi o ngā tātai hono o ngā kāwai rangatira ko te moetanga o Kairewa rāua ko Waimirirangi. Nā roto i te tokorua nei, e rere ana ngā toto o ngā iwi e rima. Ko Waimirirangi, he ariki nui i tōna wā. Kua titoa he waiata mōna hei maumaharatanga ki tōna mana:

Ko Waimirirangi rā te kuini Ngāpuhi,
E takoto mai rā ki roto Hokianga,
Nāna i kauhora ki roto Tokerau
E rima ngā iwi e

Ngāpuhi, Te Rarawa e tū mai nei
Ko Ngāti Whātua kei runga Tāmaki,
Ka huri whakararo ko Ngāti Kahu nui
Me te Aupōuri e-e

Engari he maha rā ngā iwi kei roto i te ao Māori. I tīmata mai rātou i ngā waka haere mai i Hawaiki; ka tae mai rātou ki konei ka noho atu ngā tāngata o tēnā waka, o tēnā waka, ka tupu he iwi ki tēnā rohe, ki tēnā rohe puta noa i te motu. Ka noho a Hoturoa ki Tainui, a Tamatea ki Te Tai Rāwhiti me Kahungunu, a Ruānui ki Te Rarawa, te aha, te aha. Kei te tū tonu ēnei rohe ā iwi ahakoa whakapōrearea tonutia e te tauiwi.

Iwi (Tribe)

The iwi is the largest political unit in Māori society. One iwi or tribe is composed of many hapū. An ariki or paramount chief is the leader of the tribe.

Tribe—Ariki
Sub-tribe—Rangatira
Extended family—Kaumātua

A tribe normally occupies a particular area of land which has been in their possession for many generations.

Before the colonization of Aotearoa, the following groups were separate tribes: Ngāpuhi, Te Rarawa, Ngāti Whātua, Ngāti Kahu, and Te Aupōuri. Nowadays, they tend to be linked together under the one grouping of Tai Tokerau or sometimes as Ngāpuhi-nui-tonu. Tribal unity comes through lines of descent. One of the reasons for combining these five tribes under the name of Tai Tokerau derives from the relationship between two ancestors, Kairewa and Waimirirangi. The marriage of these two prominent people has cemented the connections among these tribal groups. Waimirirangi was an especially famous Ngāpuhi chieftainess and the following song was composed relating her connections to the above-mentioned groups:

Waimirirangi the Queen of Ngāpuhi
Who is interred at Hokianga
It was she who mothered
The five tribes of the Tai Tokerau

Ngāpuhi and Te Rarawa side by side
Ngāti Whātua at Tāmaki [Auckland]
And in the far North Ngāti Kahu
And Te Aupōuri

The first tribal boundaries were drawn by the paramount chiefs who commanded the canoes which arrived here from the Hawaiki homeland. Each canoe group settled in territorial areas throughout the country. For example, Hoturoa settled the Tainui area; Tamatea-ariki-nui settled the Ngāti Porou and Kahungungu areas; Ruānui settled the Te Rarawa area, and so on. Much of this traditional tribal organization still exists, at least from the Māori viewpoint, but it has been fragmented by colonization and the increased migration of Māori people from rural to urban areas.

Kaitiaki

Koia ēnei ko ngā mana i waihotia e ngā mātua, tūpuna hei tiaki i ngā wāhi tapu, hei kaitohutohu hoki i ō rātou uri. Ko ngā kaitiaki anō, ko ngā karere e taea ana te kawe ngā tikanga me ngā tū āhuatanga rānei o te ao wairua ki te ao kikokiko. He maha rā ngā momo āhuatanga o ngā kaitiaki. Engari ko te nuinga o ngā whakaahuatanga he kararehe, he manu, he ngārara, he ika. Ko tētahi o ngā kaitiaki o tō mātou hapū, he koukou. Inā ka pā mai he aituā ki tētahi o mātou, ka puta te koukou me tana tangi rerekē, he tohu aituā tēnā.

Ko ētahi o ngā kaitiaki, he ika. Koia nei te kaitiaki o te moana. Mō ngā iwi o Te Wai Pounamu, arā, o Ngāti Koata, he papahu tō rātou kaitiaki. Ki te hē ngā mahi a ngā tāngata haere moana, ka puta te papahu ki te whakatūpato i a rātou.

I ētahi wāhi he momo ngārara te kaitiaki urupā. He kōrero tēnei nā tētahi o aku whanaunga, nā Pita Korewha. I tērā tekau tau, ka whakawhānuitia ake tētahi o ngā urupā i te kāinga. Ka tū ngā pou taiepa hei whakarohe i te urupā; kātahi ka huri atu ngā kaimahi, ka kitea e rātou ngā momo kākāriki e noho ana i runga i ngā pou. Ko te kākāriki te kaitiaki o taua urupā. Nō konei, mōhio ai rātou kāhore e tino tika ā rātou mahi. Ka whakawhānuitia ake anō te taiepa, ā, kīhai ngā ngārara i puta anō. (I kite rātou i ētahi wheua tangata i waho i te whakawhānui-tanga tuatahi.)

Ki ētahi o ngā hapū o Hokianga, he kurī tō rātou kaitiaki. E rua hoki ngā taniwha i waihotia e Kupe ki te wahapū o Hokianga: ko Niwa rāua ko Āraiteuru. Ko rāua ngā kaitiaki o Ngāpuhi.

Kāti rā, kei tēnā iwi, hapū, whānau rānei ō rātou ake kaitiaki, kei a rātou anō ngā kōrero mō ō rātou tohu tikanga.

Kaitiaki (Guardian)

Kaitiaki or guardian spirits are left behind by deceased ancestors to watch over their descendants and to protect sacred places. Kaitiaki are also messengers and a means of communication between the spirit realm and the human world. There are many representations of guardian spirits, but the most common are animals, birds, insects, and fish. One of the kaitiaki of my area is the owl. In the event of the death of a relative the owl will appear and utter a special cry to close kin, forewarning them of the event.

For many of the tribes in Hokianga a dog is the kaitiaki. When Kupe returned to Hawaiki he left behind two taniwha or guardians at the Hokianga Heads. They are called Niwa and Āraiteuru and are the special kaitiaki of the area.

Some guardian spirits come in the form of fish; they are the guardians of the oceans and rivers. For example, the Ngāti Koata tribe of Te Wai Pounamu (the South Island) have the porpoise as the kaitiaki. If there is something amiss when members of the tribe go fishing, the porpoise appears to warn them of possible danger and, unless the warning is heeded, calamity is sure to strike.

In other areas, lizards are the kaitiaki of cemeteries. I recall a cousin of mine, Peter Korewha, telling me of an incident that occurred when the boundary fence of one of our cemeteries was being extended. When the posts were first put in, the people noticed a number of uncommonly large, green lizards sitting on the posts. (The lizard is the kaitiaki of that particular cemetery.) The workers realized that something was wrong. They decided to extend the fence a little further, for they had discovered some human bones within the area of the new extension that would otherwise have been left outside. The lizards did not appear again.

Probably every tribe, sub-tribe, and family have their kaitiaki, and each of them will have their special stories about them and the signs by which they can be recognized.

Kaitiaki depicted in carvings. *Auckland University, Anthropology Department*

Karakia

Ko te karakia te karanga, tangi, īnoi hoki a te tangata ki ngā atua, kia tukuna mai e ngā atua tō rātou mana ki te tiaki, ki te ārahi, ki te tohutohu, ki te manaaki, i te hunga ora, arā, i te hunga e whakarite ana i ā rātou tikanga, kaupapa rānei. Heoi anō, me mahi e te tangata i runga i tāna i mōhio ai, i whakapono ai, e taea ai rānei e ia te mahi.

Ko te karakia te manawa tapu hei whakauru atu ki roto i te hinengaro tangata, i tētahi mea rānei, pēnei he whare, hei whakaahuru, hei whakakaha i te mauri ora, arā, te ira atuatanga e noho atu ki reira. Nā tēnei tikanga ka mau tonu te iho wairua hei whakahono i te ao wairua me te ao kikokiko. Mā te karakia ka mau te tapu o te tangata. Ka rapu te tangata i ngā tikanga kia kite ai, kia whakaata mai ai i ngā āhuatanga o te nohotahi a te tangata ki ngā atua, arā, te mea e rite ana ki ngā whakamārama i runga i ngā tikanga o te tapu.

He maha ngā momo karakia, ā, he karakia mō ngā tāngata katoa. Ko ētahi ingoa he tauparapara, he karakia whakawātea, he karakia pure, he karakia tohi, he karakia whakanoa, he karakia mākutu. Ka akongia e te tamariki, kaumātua, kuia, tohunga hoki he karakia hei tiaki mai i a ia, hei manaaki mai i a ia. Nō reira, ko te nuinga o ngā karakia e mahingia ana e te Māori e aru atu ana i ngā karakia o te karaitianatanga.

Ko ngā tikanga karakia o ēnei rā, ka whakahaerengia i runga i te ritenga whakamoemiti a ngā hāhi. Ahakoa kāhore he kōrero a te Māori mō te aranga ake o te tinana tangata ā muri i te matenga, e whakapono ana rātou ka hoki te wairua o te tangata ki ngā atua i hangaia mai ai rātou. He tini ngā karakia e whakaatu ana i tēnei tikanga mō te hunga kua riro atu.

Reverend Maori Marsden officiating in a karakia at the opening of the Auckland University Marae. *Auckland University, Anthropology Department*

Karakia (Prayers, Incantations)

Karakia consists of pleas, prayers, and incantations addressed to the gods who reside in the spirit world. Karakia are offered so that the gods may intercede in the affairs of mortal men by providing comfort, guidance, direction, and blessings for them in their various activities and pursuits. One petitions the gods through prayer in accordance with one's individual capacity to pray and the extent of one's knowledge and faith that one's requests might be fulfilled.

Karakia are described as the sacred heart which is instilled into the mind and thought of an individual or thing (for example, a carved house) and through which the essence of life and the influence and power of the gods might be manifested. By the use of karakia or prayer a bond is established between the person praying and the spiritual dimension, or source of power. Karakia also confirm the sacredness of a person. The object of karakia is to find favour with the gods in all activities and pursuits.

There are many types of karakia, and in ancient times all people used some form of prayer in daily life and on special occasions. Some prayers have special ritual functions, while others are used for protection, purification, ordination, and cleansing. In traditional Māori society, people of all classes, from children to adults and priestly experts, possessed a repertoire of karakia for use in all kinds of situations.

Nowadays, most of the prayers used by Māori follow a Christian format and are offered to the Christian god. Although the Māori do not appear to have a concept of the resurrection as in Christian theology, where the body and soul are united at some later stage following death, they do believe in an after-life in which the spirit body returns to the god that created it. Many of the prayers, especially for the deceased, reveal a traditional belief in the immortality of the soul of man.

Karanga

Ka pāoho te reo karanga o te wahine ki runga i te marae, ka tīmata te manuhiri ki te tomo mai i te waharoa o te marae. I tēnei wā ka tapu te marae. Ko te karanga kai ko te tikanga whakanoa i te tangata, arā, i te tapu o te manuhiri.

Ko ngā wāhine, ko rātou anō ngā puna roimata. Mā rātou e mau haere te roimata ki runga i ngā marae, ki ngā whare tangihanga hoki.

Ka whakaritea te karanga a te wahine ki tana tangi auetanga i te whānautanga mai o tana tamaiti, i muri iho, ka tere mai i te reretāwhangawhanga ki te ao mārama. Koia i kīia ai:

> He wahine te kaitohu i te tapu;
> He wahine hoki te kaiwhakanoa i te tapu.

Ko te reo karanga he tikanga whakaoho ake i te hunga kua riro atu ki te ao wairua. Pērā anō te reo nei ki te tangi o te wahine i te whakawhānautanga mai o tana pēpi, e tohu ana he tapu hou ka puta.

I nāianei tonu, ka nui ngā wāhine e hiahia ana ki te ako i ngā tikanga karanga. E mea ana ōku mātua, kāhore e tika ana ēnei mea kia akohia, engari kia tae ki te wā tika ka puta te reo tapu mō ngā tāngata kua whakaritea mō tēnei mahi. Kia tae rā anō te wahine ki te pakeketanga o te kuia, arā, kua mutu te mahi whānau pēpi me te rere toto ia marama, ia marama.

Kui performing karanga at Turangawaewae. *Jeremy Salmond*

Karanga (Welcome Call)

When a woman's karanga or call of welcome is heard, the visitors begin to advance onto the marae, and at this point the marae, and so the visitors, become tapu or sacred. However, the food provided for visitors after the ceremonial welcome renders the visitors noa or free from that ritual sacredness.

Women are the well-spring of tears. They bear the burden of sorrow for the pain and suffering experienced in life. The womens's karanga on the marae is likened to the cry of a woman when she gives birth to her child, when the child leaves the womb and enters the world of light. This is implied in the words of the expression:

> A woman instigates the sacred; a woman dissipates the sacred.

The woman's karanga arouses the spirits of those who have passed on to the spirit world. Similarly, when she gives birth her cry in labour indicates that a sacred new life is about to come forth. The high-pitched cry penetrates beyond the confines of the physical world and into the spirit realm.

Nowadays, there are many women who want to learn to karanga, particularly younger women. However, according to my ancestors, these customs cannot be learned as a skill in a formal way. Only when a woman has been chosen to carry out this special role (usually after menopause) will she be able to find the words to express the appropriate feelings and messages and only when the occasion is right for her.

Kaumātua

I roto i ēnei rā ko te tikanga o te kupu kaumātua, ko rātou ngā koroheke tū ki runga i ngā marae hei waha kōrero, hei kaipupuri i te mana o te whānau, hapū, iwi rānei. Engari, i ngā wā o mua, ko tōna tikanga he tupua, he atua, he kaitiaki hoki ō te whānau. Ko rātou anō ngā wairua o ngā tūpuna kua hemo atu, engari kua huri rātou hei atua. Nā tēnei āhuatanga e taea ana e rātou te hoki mai ki te ao tūroa nei ki te tohutohu, ki te tiaki hoki i ō rātou whānau kua mahue iho.

I ētahi wā, e taea ana e rātou te whakahuri ō rātou āhua hei manu, hei ika, hei ngārara rānei. I ahau e tupu ake ana i te wā kāinga, i rongo au i ngā mātua e kōrero pēnei ana: 'I rongo ahau i te kaumātua e tangi ana i te pō. Ko wai e haere atu ana?' Nā, ko te whakamāramatanga o tēnei kōrero, 'i rongo rātou ki te koukou e tangi ana—he tohu mate tōna reo tangi i ētahi wā'.

Ko tētahi o ngā mahi tino pai rawa ki a mātou ngā tama tāne, he nanau tuna i roto i ngā waikeri me ngā awa ririki. I ētahi tāima, ka mau he tuna nunui rawa. Ki ngā mātua, ko te tuna pēnei te nui, ko ia he kaumātua. E kore rātou e pai mā te whānau kotahi e kai te tuna nei, nō reira, ka tapahia, ka tohatohaina ki tērā whānau, ki tērā whānau. Ko te take i pēnei ai, ko tō rātou whakaaro, 'kia whakanoangia te mana o te kaumātua'.

E pērā ana māua ko taku taokete, a Rāpata Wēra. Nāku i hopu tētahi tuna nui i Ngātaki, Houhora. Ka tino mataku taku hoa ki te kite i te kaumātua whai paihau—ka oma atu taku hoa. I muri iho, ka kōrerotia ia e ahau, ā, ka whakaae māua kia hoatu he pīhi ki ētahi o ō māua whanaunga.

Kāti rā, e noho ana ngā kaumātua nei, hei kaitiaki i ngā moana, awa, ngahere, whenua hoki. E noho ana hoki te kaumātua tangata hei tiaki mai i ngā marae me ngā whānau, uri mahue iho.

Kaumātua (Respected Elders)

Today, the word kaumātua refers to male tribal leaders who act as spokesmen on the marae, and who are the keepers of the knowledge and traditions of the family, sub-tribe, or tribe. In days of old, the term had a more specialized meaning. A kaumātua was the reincarnation of a person who had acquired a supernatural or godly status after death, and who had become the protector of the family. The reincarnated spirits of illustrious ancestors acquired supernatural powers and through these powers were able to return to earth to direct and influence the affairs of the family they had left behind.

In some instances they were able to transform themselves into birds, fish, or insects. When I was growing up in my home village I often heard some of the elders say: 'I heard the kaumātua crying last night. Who is it this time?' The explanation for this statement is: 'I heard the owl crying in the night and that cry was an omen of misfortune. Who will die now?'

One of the favourite pastimes of the youngsters of my village was to catch eels in the drains and creeks around about. Sometimes we would catch an extra large eel. Now, our elders often referred to eels of this unusual size as kaumātua and they were reluctant to have only a single family eat the eel. They would cut it up and give a portion to several families in the village. The reason for this particular custom was to dissipate the mana or power of the kaumātua so that it would have no ill effects on anyone who ate it.

On another occasion I was with my brother-in-law, Robert Wells, when I caught a very large eel at Ngātaki, Houhora. When I threw the eel on the bank my brother-in-law became very scared and ran away. It was the first time he had seen an eel with 'horns' growing out of its head. But after I talked to him and encouraged him, we decided to share the eel by giving portions to various relatives in the traditional manner.

Many kaumātua still act as guardians of the sea, rivers, lands, and forests, and the kaumātua (elders) of the tribe continue to be guardians of family and marae.

Wakena Davis, who was a respected kaumātua of Ngāti Pākau and Te Māhurehure subtribes of Hokianga. *Dorothy Davis Leyland*

Kaupapa

E kōrero whānuitia ana tēnei kupu puta noa i te ao Māori, engari ko tōna tikanga, ko ngā ture me ngā whakaaro mō tētahi tikanga, mahinga rānei. Tēnā pea, ngā tauiratanga kōrero e whai nei e taea ai te whakamārama ngā tikanga o tēnei kupu.

Kaupapa Whare: Ki te whakatūria he whare whakairo, ko te kaupapa e kōrerotia ake ko wai te tupuna rongonui o te whare me ngā poupou o te whare. Ko ngā mahi tukutuku me ngā kōwhaiwhai he wāhanga anō nō te kaupapa whare.

Kaupapa Kawa Marae: Koia ēnei ngā tikanga mō te whakahaere marae, pēnei i ngā tikanga whaikōrero, karanga, whakatau manuhiri, whakatakoto tūpāpaku, te aha, te aha. Kei tēnā iwi, kei tēnā iwi āna mahi whakarite i ēnei tikanga. E pērā ana mō te whaikōrero; ki ētahi wāhi ka mutu katoa ngā mihi a te tangata whenua, ka huri te wā ki te manuhiri. He pāeke tēnei tikanga. I ētahi atu rohe, pērā i a Tainui, ko tō rātou kaupapa ko te 'tū atu, tū mai'. Kotahi o te tangata whenua e mihi atu, ka huri kia kotahi o te manuhiri e mihi mai. Kia pau rā anō ngā kōrero, kātahi ka mutu te mahi.

E pērā ana mō te whakatakoto i te tūpāpaku i runga i ngā marae; ki ētahi wāhi, pēnei i ngā marae o te Tai Tokerau, ka whakatakotohia te waka tūpāpaku ki roto rawa o te wharenui, ki raro hoki i te pou tuarongo o te whare. Ki ētahi atu iwi, ka whakatakotohia ki te taha matau o te whare, ki te roro o te whare, ki tētahi whare tēneti, whare motuhake rānei.

Nō reira, ahakoa ko tēhea te mahi he kaupapa tōna. E whakamahia ana tēnei kupu i roto i ngā mahi katoa i ngā tari kāwanatanga, ā, tae noa ki ngā marae. Ko ngā kōrero e whai ake nei hei whakatauira i ēnei āhuatanga o te kupu kaupapa i roto i ngā tari kāwanatanga.

Kaupapa Tari Toko i te Ora: Ko ngā ture me ngā tikanga o te tari nei.

Kura Kaupapa Māori: Ko ngā tikanga me ngā ture e pā ana ki ngā kura Māori, arā, ko ngā tikanga whakahaere me ngā tikanga whakaako hoki.

Kaupapa Tira Ahu Iwi: E rapu tonu ana te iwi Māori me te kāwanatanga i ngā tikanga mō te whakahaere i ngā Rūnanga ā Iwi, arā, ngā whenua, moana, taonga, pūtea moni, te aha atu. Ka tū te Tira Ahu Iwi i muri i te whakakorehanga o te Tari Māori.

Heoi anō, he whānui ake ngā kōrero mō te kupu kaupapa; kei roto i tēnei kupu te whakaaro mō ngā mahinga me ngā whakaritetanga a te iwi Māori.

Kaupapa (Policy, Rules of Operation)

Kaupapa is a word that is used very widely throughout Māoridom and it has a number of meanings. The best way to indicate the extent of its usage is to give some examples of it in context.

Theme of a House: When a new house is being built, the kaupapa of the house refers to such things as the ancestor after whom the house is to be named, the different ancestral figures to be carved on the support posts around the perimeter of the house, or the painting and other decorative art work.

Marae Protocol: Here the term kaupapa refers to the rules and policies associated with the administration of a marae and, in particular, the protocol for formal speech-making, for welcome calls, for welcoming guests and, in the case of tangi (funerals), for caring for the deceased. Each tribe has its own rules also, and its own ways of carrying out these functions on the marae. With speech-making, for example, in some areas it is not until all the speakers on the hosts' side have spoken that the visitors are given the opportunity to respond. This custom is known as pāeke. In other districts, for example in the Tainui area, the kaupapa is known as 'tū atu tū mai'. After a speaker from the host people has spoken, one of the visitors responds and the procedure continues in this alternating fashion. When all the speakers are finished, the final speech is given by a member of the host group.

With regard to funeral ceremonies, it is customary for the deceased to lie in state on the marae. In some areas, such as the Tai Tokerau, the coffin is placed at the back of the meeting-house at the foot of the centre back post. In other areas, the coffin might be placed by the right-hand side wall, by the right-hand side of the front porch, or in a specially erected house or tent.

In all these examples, the word kaupapa is used to describe the type of work or functions to be carried out. Similarly, in the context of government departments, the word kaupapa applies to the setting of policy, for example:

Social Welfare Policy: The policy contains the rules and guidelines, relating to the operations of the department.

Māori Schools Policy: This relates to the guidelines, rules, and conditions for setting up independent Māori schools at the primary level.

Iwi Transition Authority Policy: Since 1989 Māori tribes and government officials have been engaged in a process of determining policy for iwi authorities which following the devolution of the Māori Affairs Department are to be the official bodies to support Māori initiatives and development.

The word kaupapa can be associated with almost any organization with reference to its policy and practices, particularly in relation to administration.

Kāwanatanga

He kupu i whakamāoritia i te kupu pākehā 'government'. Ehara ia i te kupu Māori tūturu, engari kua takoto ki roto i ngā kōrero o Te Tiriti o Waitangi. E tohu ana ia i te mana o tauiwi. Na roto i te kāwanatanga ka puta mai ngā ture mo te tiaki me te whakahaere i ngā kaupapa katoa hei manāki i te iwi whānui o Aotearoa, ahakoa, Māori, Pākehā, he momo iwi rānei.

E tini rawa ngā tari o te kāwanatanga hei hāpaitia ake i ngā kaupapa maha. Ko te Tari Ture, ko ia te kaitiaki o ngā tāngata me āna taonga; ko te Tari Hiko, ko ia e kaiwhakahaere i ngā mahi hiko; ko te Tari Toko i Te Ora, ko ia te kaitiaki o ngā rawakore, o ngā pouaru, o ngā kaumātua, tamariki pani rāno. Ko te Tari Taiao, ko ia te kaitiaki mo ngā moana, ngāherehere me ngā awa, whenua hoki.

Ko ia tēnei te raruraru nui kei waenganui i te Māori—e hiahia ana ētahi o rātou ki te whakahaere i tō rātou ake mana motuhake, e kīa nei e rātou ko te 'tino rangatiratanga'. Kāhore pea e taea e rātou i runga i te mana motuhake Māori, engari me mahitahi te iwi Māori me te iwi Pākehā, kātahi anō ka āhei te puāwai ai ngā wawata me ngā tūmanakotanga.

E maha ra ngā tāngata Māori kāore e pōti ana. Kāhore e kore, ina ka pōti rātou ka āhei rātou ki te whakawhitiwhiti whakaaro i runga i ngā kaukapa o te kāwanatanga me te āwhina atu i aua kaupapa kia tupu ora tō tātou whenua.

Kāwanatanga (Government)

The word kāwanatanga is a transliteration of the English word 'government', and therefore it is not a genuine Māori word, although it can be found in written documents dating from before the Treaty of Waitangi. Kāwanatanga signifies the power and sovereignty of the colonists. It is through government that laws and policies are determined for the functions of state departments throughout New Zealand and for the benefit of all its citizens.

There are many government departments to perform these functions. For example, the Justice Department has the responsibility of protecting persons and property; the Social Welfare Department has the task of assisting the poor and needy, including the elderly, widowed, and orphaned; the Ministry for the Environment has the task of looking after the land, forests, marine and other resources.

Some Māori have difficulty accepting kāwanatanga, that is, government policies—they would prefer to have control themselves over their traditional resources, and they argue for a form of Māori sovereignty, or 'tino rangatiratanga' as they call it. Perhaps this is more a dream than a practicable reality; a more plausible solution would be for both Māori and Pākehā to work together for their common good as implied under the terms of the Treaty of Waitangi.

Quite a considerable number of Māori do not exercise their right to vote. I have no doubt that, if they would do so, they would have more say in the policies of government, and be in a better position to make a greater contribution to the development of our nation.

Kawe Mate

Ko te kawe mate he tikanga aroha nā te whānau mō tētahi o rātou kua mate atu, engari kīhai i taea te whakahoki te tūpāpaku kia takoto ki roto i tana ūkaipō, arā, ki te wāhi i tanumia ai ngā wheua o ōna mātua, tūpuna.

He maha rā ngā tāngata ka mate ki Tāmaki, oti atu ki reira ka tanumia ki Māngere, ki Waikumete, arā, ngā tini urupā kei reira. Nō reira, ā muri ake, i te wā ka tū he hui ki ō rātou ake kāinga ka whakahokia e te whānau te mate o tō rātou whanaunga.

E mahara ana ahau, ko te hiahia o tōku pāpā i mua i tana matenga, kia tanumia ia ki Waikumete. Ahakoa i whakaaro nui mātou ki te whakahoki i tana tinana ki te kāinga, ki Pukekoukou, ki tō mātou urupā, ka mea tō mātou whāea me whakatutuki ki tāna ōhākī. Nā, ka tanumia ia ki Waikumete. Ka mate ia i te marama o Māehe. Ka tae ki te wā o te Aranga Nui, i te marama o Āperira, ka whakapuaretia e Waikato tō mātou wharekai hou i Mōria marae, Whirinaki. I taua wā anō, ka mea mai ngā kaumātua o te kāinga koia te wā tika kia tae atu mātou ki te whakakohi atu i te mate o tō mātou matua.

I ētahi tāima, nā te tini o ngā pānga ki roto o ngā iwi maha ahakoa ka tanumia te tūpāpaku ki tōna wāhi tika, ka kawea haeretia e te whānau tōna mate ki ētahi iwi. Pērā i te matenga o Tā Himi Hēnare, i muri i tana tanumanga ki Mōtatau, ka kawea e te whānau tana mate ki Ākarana, ki ētahi atu wāhi, ā, tae noa ki Tūrangawaewae.

Nā, ko te whānau e kawe mate rā, ka tari atu i ētahi he whakaahua o te tangata kua mate, ka waihotia e rātou taua whakaahua hei taonga mō te marae. Ka hui anō te iwi i ētahi atu tangihanga, hura kōhatu rānei, ka whakairia ngā whakaahua katoa hei tohu maharatanga ki te hunga kua huri tuarā mai ki te ao tūroa.

Nō reira, e haere tonu ana ēnei tikanga i ngā rohe katoa o te motu, motuhake mō ngā tāngata rongonui, ka kawea ō rātou mate ki kō, ki kō, ki kō.

Kawe Mate (Memorial Service)

The practice of kawe mate is a gesture of love and respect by a family for a relative who has died. If a situation arises where it is not possible to return a deceased person to his or her family burial plot, or to the area in which he or she was raised as a child, that is, to the place where all the bones of his or her ancestors have been interred for generations, a special memorial service is held there at a later date.

A person may die in the city and be buried there. Some time later, when a particular hui or gathering is held in their home village, the family will take the opportunity to return home and take with them 'the memory' of their deceased relative.

For example, before my father passed away he expressed a desire to be buried at Waikumete, in Auckland. Even though our family would have preferred to return his body to our family cemetery at Pukekoukou, in Whirinaki, our mother finally said that we should respect the wishes of our father, and so he was buried at Waikumete. He died in the month of March, and the following Easter, during the month of April, a new dining hall was to be opened by Dame Te Atairangikāhu at Mōria Marae, in Whirinaki. We were invited by our elders at home to bring the memory of our father's passing to be a part of this occasion.

Sometimes when a person has many connections with other tribes, they are buried in the appropriate family cemetery, but family will conduct memorial services in different areas. This occurred, for example, when Sir James Henare died . After he was interred at Mōtatau, the family held many memorial services for him in Auckland and other areas including Tūrangawaewae at Ngaruawāhia in the Tainui district.

Now it is the custom for many families involved in these services to take a photograph of their deceased relative and present it as a gift to their home marae. When the members of their family network gather at future funerals or unveilings, the photographs of the deceased relatives are hung in the meeting-house as a memorial to those who have gone before.

These kinds of services are carried out on a regular basis even today, and especially for those who are well known throughout the Māori world.

Koha

I ngā wā o mua, inā ka haere te tangata ki ngā hui me tari atu e ia āna koha hei āwhina i te tangata whenua. I ērā wā hoki, he kūmara, he ika, he manu huahua, he tuna—ngā momo kai a Tangaroa, a Tāne—koia nei ngā koha. Mai i te taenga mai o te Pākehā, he kau, he poaka me ngā kai hokohoko, ka mauria ake ki ngā hui. Ko ngā tāngata e noho ana ki uta mā rātou ngā kai o te ngahere; ko ngā tāngata kei te taha moana mā rātou ngā kai mātaitai.

Nō reira, i ngā rā o muri nei, ko te nuinga o ngā koha, he moni, ka whakatakotohia ki runga i ngā marae. Ko te tikanga tēnei mō te nuinga o ngā iwi o runga. Ka mutu te kaikōrero mutunga o te ope manuhiri māna anō e whakatakoto te koha o tana rōpū ki runga i te marae ātea, ki runga i te kauhanga roa rānei i roto i te whare. Mā tēnei tikanga e mōhiotia ai e te hunga kāinga kua mutu ngā kōrero a te manuhiri. Ka tū ake tētahi o te tangata whenua ka whakatika atu ia kia manakohia ake te taonga kua whakatakotia. Mena he kuia ki te taha whare, ka rere atu tāna tangi waiata mō te whakaaro aroha kua whakatinanatia ake rā.

Kāti rā, ka puta koe ki ngā hui o roto i te Tai Tokerau kāhore e tino rite ana ā rātou tikanga mō te whakatakoto koha. Ahakoa he koha pea ā rātou, kāhore rawa e hora atu ki runga i te marae, engari me hoatu puku kē ki te taha. Kua rārangitia i raro iho ētahi o ngā whakaaro (nō ōku mātua) nā te aha i pērātia e rātou, arā, te hoatu puku i ā rātou koha:

> Kaua e meinga kia whakamā te manuhiri me te hunga rawakore, kāhore ā rātou koha.
> Ki te pēnei, e kore rātou e puta ki ngā hui, kei kitea e te tangata, he pōhara ia.
> Kei purua hoki te aroha o te tangata.
> Me hoatu huna, arā, ki te taha.
> Ki a rātou, ko ngā hui Māori e puare ana ki te katoa—te iti me te rahi (motuhake rawa ngā tangihanga, hui mārena rānei)
> Kaua e hoatu āu takoha hei kitetanga mā te tangata.

Heoi, he maha rā ngā hui o nāianei, ahakoa pēhea te tikanga whakatakoto koha, kāhore rawa e tino ea ana ngā pire kai mō te hui. Mā te tangata, whānau rānei nāna te hui, e ea ai ngā nama. Ko tētahi mea hoki, kua raupatuhia ō tātou whenua mahi kai me ngā tauranga ika, te mea, te mea—te kore mahi a te iwi Māori, ka noho pōhara tonu rātou. Nō reira, e te iwi, me aroha nui tētahi ki tētahi, kia mau tonu te ihi, te mana me te tapu i te whakaminenga tāngata. Ko tāu rourou me tāku rourou ka ora te katoa.

Koha (Donation, Gift, Contribution)

Formerly when people attended hui, they would, as a matter of custom, take with them some koha or contribution in the form of food and other gifts such as mats and baskets. It was common for them to take kūmara, fish, preserved birds, eels, or any foods gathered from the land or sea in their local areas. These were their offerings or contributions to their hosts. Those who lived inland would take the bounty of the forests and rivers; and those who lived inland would take the bounty of the forests and rivers; and those who lived close to the sea would take fish, seaweed, and shellfish.

Nowadays most of the koha or donations to a host marae are in the form of money. The money is often put in an envelope and placed on the marae. This custom of placing the money on the marae is particularly prevalent among those tribes who live south of Auckland. When the final speaker of the visiting group concludes his speech he proceeds to place his donation on the marae ātea or in front of the meeting-house. By this gesture the hosts are also made aware that the visitors have completed their speeches. If there is an elderly woman present amongst the hosts, she will respond with an expression of gratitude for the donation from the guests symbolized in that gift of money.

On the other hand, when one attends hui in the Tai Tokerau area, this custom is rarely observed (generally only when visitors from outside tribes are present). Even though they might have a donation to make, they do not present it on the marae, but instead they give it inconspicuously to someone who is responsible for the running of the hui. This will often take place after the ceremonial welcome is over. Some of the reasons for this practice are outlined below:

To prevent embarrassing the poorer visitors who may not have a koha to give.

To prevent anyone feeling too embarrassed to attend future hui.

To allow the outflowing of aroha or love from the people to continue unimpeded.

To indicate that it is better to give in secret.

To note that according to the elders, hui (especially funerals and weddings) are public gatherings where everyone is welcome regardless of his or her station in life.

To remind one not to give gifts in order to be seen and praised by others.

Finally, there are a number of instances where substantial debt can be incurred in the running of hui. It is the responsibility of the person or persons running a hui to take care of their debts. Because the Māori people have lost land and the many staple resources associated with land, they have become more and more dependent on a monetary economy; and this is difficult for many of them to cope with, especially if they are in low paid jobs or are unemployed. They therefore rely more than ever on each other's koha, love, and support to help them in organizing and staging important cultural and social functions, especially those involving extended family groups and large gatherings of people.

Your contribution and my contribution will feed everyone.

Dr Peter Sharples placing a koha on the marae, Auckland University, 1988.
Auckland University, Department of Anthropology

Kōhanga Reo

I te tau 1981, ka whakatūria e te Kāwana Nāhinara, he hui taumata hei whiriwhiri i ngā tū āhuatanga e pā ana ki te iwi Māori. Nō reira, ka kōkiritia ake e Tā Himi Hēnare he pūtake whakaaro mō runga i ngā āhuatanga mō te whakakaha mai i ngā mahi whakaako i te reo. Heoi, ka tae rā ki te mutunga o te hui ka whakapūāwaitia ngā kaupapa hei tīmata i te kōhanga reo, arā, te whakaako i te reo ki ngā pēpi mai i te whānautanga tae noa ki tō rātou urunga ki roto i ngā kura tuatahi. Nā Tiri Rīti i tautoko ake ēnei whakaaro o ngā kaumātua, nāna anō i mea te ingoa 'kōhanga reo' hei tapahanga tohu mō ēnei mahi.

Ka whaiwhakaaro te kāwanatanga ki tēnei kaupapa, ka whakaae anō rātou kia whakamātautauria tēnei take i roto ki ngā wāhi e rima (Pukeatua, Pipitea, Pōneke, Maraeroa me Ōrākei). Ka homai e te kāwanatanga he pūtea hei manaaki mai, hei whakarewa atu i te take nei. Ko te marama o Āperira 1982 te tīmatanga o ngā kōhanga, ka tae atu ki te mutunga o taua tau e whitu tekau mā rima ngā kōhanga kua tū, ā, puta noa i te motu. Engari, nā te kaha o ngā hapū me ngā iwi ki te hōrapa i te kaupapa nei, anō he mura ahi. Ka pau te rua tau e whā rau noa atu ngā kōhanga i te motu.

Nā, torutoru noa iho ngā tikanga mō te whakahaere kōhanga :

Waiho ake rā mā ia whānau, hapū rānei e whiriwhiri ko wai ō rātou hei kaimahi i roto i tō rātou kōhanga.

E tika ana kia haere mai te whānau katoa i ētahi wā ki te āwhina i ngā mahi.

Ko te reo kōrero i roto i te kōhanga ko te reo o taua wāhi, whānau, hapū, iwi rānei.

E tika ana kia kōrero tonu i te reo Māori mai i te tīmatanga o te kōhanga, ā, tae noa ki te mutunga.

I te tau 1985, i runga i te maha o ngā kōhanga kua whakatūria, ka whakaaetia e te Tari Māori kia tū he Pōari Matua mō ngā kōhanga. Ko ngā tumuaki tuatahi ko Te Ariki nui, Te Atairangikaahu rāua ko Tā Himi Hēnare. Ko Tā Hone Pēneti te tiamana o te Pōari. Ko te mahi a te Pōari nei, ko te tiaki i ngā kōhanga o ia takiwā, o ia takiwā, me te tohatoha i ngā pūtea moni, taonga hoki nā te kāwanatanga ki ngā kōhanga.

He tini rā ngā manaakitanga kua puta mai i ngā kōhanga mō te iwi Māori. Kua whakaarahia ake te reo me ōna tikanga me ngā tū āhuatanga o te ao Māori. E kīia nei te kōrero :

Ko te kōhanga reo te kaupapa tūturu o nāianei hei kōkiri ake i tō tāua reo rangatira me te tini o ngā take Māori.

Anā, kua whānau mai i a ia te Mātua Whāngai, ngā Kura Kaupapa Māori me ngā wāhanga Māori katoa i roto i ngā tari kāwanatanga. Kua tae kē tōna mana ki ētahi whenua: ki Ahitereiria, ki ngā moutere o te Moana nui a Kiwa, ki Hapanī, ki Amerika me Kānata. Ka ora tonu te iwi Māori i tēnei kaupapa whakahirahira me te tūmanako ka hua tonu ngā mahi i ngā whakatupuranga ka heke iho rā.

Kōhanga Reo (Language Nests)

In 1981, the National Government organized a summit conference to discuss economic and social issues relating to the Māori people. It was at this conference that Sir James Henare put forward the suggestion that there should be some discussion about implementing and strengthening programmes for the teaching and learning of the Māori language. By the end of the conference it had been decided that Māori ought to be taught to infants until they enter primary school. Mrs Tilly Reedy was a fervent supporter of this concept as presented by Sir James (and supported by other elders) and it was she who suggested that this new pre-school movement be called kōhanga reo (language nest).

The government was very much in favour of the proposal and agreed that it should be pilot-tested in five locations; Pipitea, Pukeatua, Pōneke, Maraeroa, and Ōrākei. They also donated a sum of money to get the project under way. The official opening of the kōhanga reo was in April 1982, and by the end of that year there were more than seventy-five of them established around New Zealand. After only two years of operation, there were more than four hundred kōhanga reo throughout the country. It has been a phenomenal success and much of the credit for it is due to the tribes and families who have committed themselves to the movement.

There are a few rules governing the establishment of a kōhanga reo:

It is left to a family, extended family, or tribal group to choose who is to work in the kōhanga reo. They also decide the hours of operation, the venue, and the numbers of children to attend.

It is expected that the whole community will be able to participate in the kōhanga reo according to their availability and the needs of the group.

It is up to the administrators of the kōhanga reo to decide what should be taught.
Only Māori is to be spoken in the kōhanga reo from the start of a session to the end of it.

In 1985, due to the growth of the kōhanga reo, the Department of Maori Affairs, under Dr Tāmati Reedy, decided that a national trust should be set up. Dame Te Atairangikāhu and Sir James Henare became the first patrons and Sir John Bennett was elected chairman of the Trust. Its function is to help administer the kōhanga reo of all regions by distributing funds and resources obtained from government.

Numerous benefits to the Māori people have arisen out of the kōhanga reo. There has been a significant revival in the Māori language, culture, and customs. It has been said that the 'kōhanga reo has been the single most influential initiative in the revival of the Māori language and culture since colonization'. Other important social developments have arisen from them, including Mātua Whāngai, bilingual schools, and Māori input into many goverment departments. As a model it has been adopted in other countries on a small scale, including Australia, the Pacific Islands, Japan, America, and Canada. There is no doubt that the Māori people have gained much pride in their culture and a sense of self-determination from this significant movement, and it is destined to remain a vibrant force in the years ahead.

Pat Wikaira and kōhanga children at the Hoani Waititi Marae. *Gil Hanly*

Kore

E pōhēhē ana a tauiwi ko 'Te Kore' i roto i te tikanga Māori he wā
kāhore he kikokiko, kāhore rawa he mea e tupu ana. Engari koia nei te
pūtake me te puna o ngā mea katoa. Pēnei i a Io, kāhore he tīmatanga,
kāhore he mutunga, ko ia te māramatanga mau tonu. Kīhai i hangā e
tētahi, kīhai anō i tupu kau tētahi mea. E ōrite ana Te Kore ki a Io, he
mea hoki, he whakapototanga nō Iomatuatekore. Kua tapahia atu te
wāhi tuatahi o tēnei ingoa. Ko ngā tikanga o Te Kore, kāhore e whai
āhua tētahi mea, kāhore he uwha, kāhore he ure, kāhore he rerenga
kētanga. I noho kau i roto i Te Kore. Nā roto i Te Kore ka puta ngā mea
katoa; nā Io i whakaahua, i whakatinana kia tū ngā mea o ia āhua, o ia
āhua. Titiro ki te whakapapa e whai iho nei:

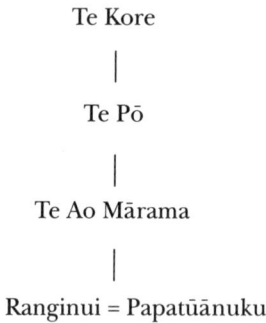

Te Kore

|

Te Pō

|

Te Ao Mārama

|

Ranginui = Papatūānuku

Ka puta te māramatanga (pū) me te pō (kē) i Te Kore nā runga i te
whakapoutanga o te mauri (hā) ki roto. E hia ngā whakatupuranga ki
muri ka puta ko Ranginui rāua ko Papatūānuku. Nā ngā tokorua nei, ka
hangā e Io ngā mea katoa, ko Tangaroa, ko Tāne, ko Rongomātāne, ko
Haumia, ko Tūmatauenga, ko Tāwhirimātea, ko Rūaumoko. He kākano
ō ngā mea ora katoa. Ko te mahi a ngā atua ko te whakaputa i ngā āhua
e rua o ngā mea katoa. He toa, he uwha, he pōuri, he hari; he kino, he
pai; he taimaha, he māmātanga; he mamae, he koa; he hē, he tika; ki te
kore e pēnei kāhore he mate, kāhore hoki he ora.

Kore (Unorganized Potential)

European writers have mostly translated Te Kore as 'nothingness', or 'void', but to the Māori mind Te Kore is the source of all things. Just as Io (supreme god) has no beginning or end, matter has always existed. Nothing was created or made from nothingness. Te Kore, or chaos, like Io, has always existed, In the state of Te Kore, there existed unlimited potential for 'being' although it had no organized form. There was no gender, no male or female, yet all possibilities were contained within the confines of Te Kore. From Te Kore all things were developed and created. Io formed and shaped every living thing from the elements in Te Kore according to a pre-determined pattern. This is demonstrated in the following genealogy:

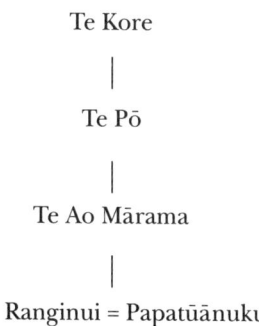

Te Kore

|

Te Pō

|

Te Ao Mārama

|

Ranginui = Papatūānuku

Light and darkness were separated from Te Kore through the application to each of the mauri or life-giving essence. Several eons later, Sky Father (Ranginui) and Earth Mother (Papatūānuku) appeared. From these primal parents came all living things on the earth, and the gods of nature: Tangaroa became god of the sea, Tāne became god of the forest, Rongomatāne became god of the kūmara, Haumia became god of fern root and wild herbs, Tūmatauenga became god of man and war, Tāwhirimātea became god of the winds and elements, and Rūaumoko became god of earthquakes and energy.

Through the actions of the gods all living things were given their opposites and the ability to procreate their species. In addition, mortals became subject to opposing forces in life: male and female, sorrow and happiness, good and bad, pain and pleasure, and sickness and health. Were it not for these opposing forces we would not be subject to life and death as we know it.

Kotahitanga

Ko te ture tūturu a ō tātou tūpuna, arā, ko te nohotahi, mahitahi, whakatōtahi i ngā kai. He rite tonu te mahi a te katoa. Ka tae ki te wā e hauhakengia ai te māra, ko te katoa ki te hauhake, ā, huihui katoa ngā kai. E nohotahi tonu ana rātou i roto i ngā pā. He whakaaro anō, kia kaua he pōhara, he rawakore ki waenganui i a rātou, he ōrite te pūtea mō te katoa. Nō konei ka kitea te mana tūturu o te iwi.

E pērā ana te mahi a Kīngi Tāwhiao mō te tikanga o te poukai i whakatūria ki waenganui i tōna iwi o Tainui whānui kotahi rau tau noa atu ki muri. Ko te tino kaupapa o te poukai, he whakaaro nui ki ngā rawakore, ki ngā pouaru me ngā pani. Ka tū he hākari, ka mauria e ngā hapū ā rātou kai ki tētahi o ō rātou marae hei āwhina atu i te hunga kore kai. Mā ngā rangatira o te hapū e tohatoha atu ngā kai ki ngā tāngata. He mea anō hoki, mā tēnei āhuatanga ka kotahi tonu te iwi i raro i te maru o te Kīngitanga, arā, te ariki nui e noho nei i runga i te ahurewa tapu o ngā mātua tūpuna. E toru tekau noa atu ngā poukai ka whakatūria ki roto i ngā rohe o Waikato ia tau, ia tau. E haere ana te Arikinui me tōna kāhui ki te tautoko i te kaupapa i roto i ngā hui poukai.

E uru atu ana ngā tikanga o te kotahitanga ki roto i ngā mahi katoa a te iwi. Inā rā, ka pakanga te iwi ka karanga atu ki ōna wehenga hapū ki te āwhina rātou i a rātou. Ka kitea tēnei tikanga i roto i tētahi o ngā kōrero whakataukī a Ngāpuhi:

> Ka mimiti te puna ki Taumārere, ka totō ki Hokianga; ka mimiti te puna ki Hokianga, ka totō ki Taumārere.

Nā Rāhiri tēnei kōrero maungārongo ki āna tama toa, ki a Uenuku Kūare rāua ko Kaharau, i Whiria, i te wā i whawhai rāua mō te mana o tō rāua matua. Engari, ehara tēnei i te kōrero puna wai, he puna tangata kē. E pēnei ana te whakamāoritanga o te whakataukī:

> E tama mā, ki te mea ka tū he raruraru ki Taumārere, haere koe e Kaharau me te taua ki te āwhina i tō tuākana; engari, ki te mea ka raruraru Hokianga, mauria ake e Uenuku he ope taua ki te āwhina i tō tēina.

Nā, koia ēnei ko ngā peka nui o Ngāpuhi, mai i Pouerua ki Whiria, te paiaka o te riri. E pērā ana ngā tikanga a ngā iwi katoa, ka kotahi rātou i raro i ngā mahi a Tūmatauenga, a Rongo hoki.

Nō reira, mai i te taenga mai o te Pākehā, ka huri ngā Māori ki te rapu kaupapa kia āhei ai te whakakotahi i ngā iwi katoa o te motu. Ka tū he hui ki Ngāpuhi i te tau 1835 ki te kōkiri i tēnei take, engari ahakoa ō rātou raruraru i ngā rā o mua, ko ngā ture a tauiwi e ārai ana i ngā whakaaro o ngā iwi ki te whakatinana i ō rātou wawata. Pērā anō te whakaaro o Tainui mō te tohi kīngi mō ngā Māori puta noa i te motu. Ka kōrero whānuitia tēnei kaupapa e ngā iwi, engari, ka riro mā Tainui e whakatinana. I te tau 1858, ka tū ko Pōtatau Te Wherowhero hei kīngi mō te rohe o Tainui waka. Tae noa ki ēnei rā, e kōkiri tonutia ana te take nei e ngā iwi, ā, ko te āhua, ka pūāwai i raro i te Kotahitanga o ngā iwi.

Kotahitanga (Tribal Unity)

Tribal unity was fundamental to our ancestors. They lived in close-knit communities and worked together and planted food together. Everybody contributed to the well-being of the tribe. When it came to harvest time, the whole community helped to bring in the harvest and all the food was put in a common pool. One of the reasons for unity was to give everyone an equal share of the resources so that no one suffered unduly. This was a sign of the unity of the tribe.

Such was the nature of the shared economy envisioned by King Tāwhiao when he instituted the poukai (economic order) amongst the Waikato people more than one hundred years ago. The purpose of the poukai was to provide for the needs of the poor, the widowed, and the orphaned, and to foster tribal unity. A special feast and gala day were organized on a marae and people belonging to the local tribal groups would bring their offerings to be shared with those in need. Elders of the tribe would distribute the contributions to the needy. In addition, the success of the poukai indicated the support of the people for the King Movement and its appointed leader, who occupied the throne of the ancestors. Poukai are still held each year at more than thirty venues and the present Queen, Dame Te Atairangikāhu, makes every effort to attend all of these functions and to support Māori developments both within her tribal area and nationally.

The concept of unity pervaded every aspect of tribal functions and activities. For example, when there was a war, a tribe would call various sub-tribes to support their people against attack. An example of this kind of rallying support is given in a well-known proverb of Ngāpuhi:

When the spring dries up at Taumārere, it draws on the spring at Hokianga.
When the spring dries up at Hokianga, it draws on the spring at Taumārere.

This proverbial saying was coined by Rāhiri at the time that he sealed a peace pact between his two sons, Uenuku Kūare and Kaharau, at Whiria Pā, when they quarrelled over who should be the heir to their father's chieftainship. The proverb does not refer to a literal spring of water, but rather to human resources and manpower, as this interpretation shows:

> Hear, my sons, if there is trouble at Taumārere, you Kaharau take a war-party and help your elder brother. Likewise, if there is strife at Hokianga, you Uenuku Kūare take your war-party and assist your younger brother.

The brothers commanded the two main divisions of Ngāpuhi: Pouerua in the Bay of Islands and Whiria in the Hokianga. There were many such alliances in other tribal areas where close kin united for a common purpose, whether in war or in peace.

Ever since the arrival of the Pākahā, Māori people have endeavoured to bring about the unification of all tribes in New Zealand. In 1835, for example, a conference was held in the Ngāpuhi area to address this important issue and, even though there were a number of disputes and differences between tribes remaining from earlier times, people were willing to forget them in the interest of the common good. Again, in the 1850s, an endeavour was made to appoint a Māori King. It was discussed among many tribes, with the final outcome in 1858 that Pōtatau Te Wherowhero was appointed as the first Māori King for the Tainui area only.

The chief obstacle to the unification of the tribes is the foreign laws imposed upon the people, which makes it difficult for them to realize their dreams. In spite of all these difficulties, even at the present time, there are moves afoot to establish a Confederation of Tribes under a common administration.

Kuia

Ko ngā kuia koia ēnei ko ngā wāhine kua mutu te mahi whānau pēpi, arā, kua kore rawa hoki e whakaputa toto ia marama, ia marama. Kia tae rā anō te wahine ki tēnei āhuatanga, kātahi anō ka āhei te wahine ki te tūranga tohunga rūruhi. Ko rātou anō ngā kaiāwhina i ngā tohunga ahurewa i roto i ngā ritetanga tapu a te Māori. Ko rātou anō ngā tūpoupou hei kārangaranga i te manuhiri whakaeke marae.

Kuia (Elderly Women)

Kuia are the elderly women of a family or tribe. A woman achieves the status of kuia only after she has completed her years of child-bearing and has passed the menopause. When a woman reaches this time of life, she is eligible to become a candidate for special priestly duties such as assisting priests in 'rites of passage' and other rituals. Kuia also have a unique role in welcoming visitors onto the marae by performing the karanga or ritual call of welcome.

Kuia attending a hui. *Gil Hanly*

Mana

Koia te kaha mau tonu o ngā atua. Koia anō te ahi kā tonu, kāhore ōna tīmatanga, kāhore anō ōna whakamutunga. Ka pikitia ake e Tānenuiarangi te toi huarewa kia riro mai i a ia te mana tapu o ngā atua, e kīia nei e ngā tūpuna ko te ahi kōmau. Kīhai i riro taua mana i a Tāne, engari ko te wānanga anake i mauria iho ki a Papatūānuku hei tohu i a ia me pēhea e whiwhi ai ki taua mana tino tapu, arā, ki te ahi kōmau. I te wā ka mahia e ngā tohunga ā rātou tikanga tapu ki runga i ngā marae, tūāhu rānei ka tahuna e rātou he ahi tapu hei tohu i te ahi kōmau, arā, te mana tapu o ngā atua. Nā ngā mahi pēnei, e whakaritea ana i runga i te tohungatanga, arā, te kura taininihi, ka āhei ngā tāngata tohunga ki te tomo ki roto i ngā whare maihi.

Nō reira, i roto i ēnei rā ka whakawehea ngā momo āhuatanga o te mana, arā, he mana atua, he mana tupuna, he mana whenua, he mana tangata.

Mana Atua: Koia nei te tino mana tapu o ngā atua e kīia nei ko te ahi kōmau ka whakauru atu ki roto i te tangata e whakarite ana i ngā tikanga atua. Koia ērā ko ngā ritenga e mahia ana e rātou kia riro mai i a rātou te mana nei.

Mana Tupuna: Koia tēnei te mana e rere iho i roto i ngā kāwai rangatira, arā, i ngā ariki me ngā rangatira i whai mana tapu. Ka tupu ake he uri, ka tupu anō hoki te mana o ō rātou tūpuna, motuhake rawa inā ka mau tonu rātou ki ngā tikanga tuku iho i ō rātou wheinga.

Mana Whenua: Ko te mana o te whenua koia tērā te mana e taea ai te whakatupu ki ngā mea ora katoa i runga i te mata o te whenua. Mai i te hanganga o te ao i whakatōkia e ngā atua taua mana kia noho ki roto i a Papatūānuku. Mā runga anō hoki i te mana o te mauri, ka tupu kau atu ngā mea katoa i te oneone kia pūāwai, kia pakari, kia māoa. He tikanga anō mō te mana whenua, ko te tangata whai whenua he mana tōna, nā te mea he whai tikanga ia ki te whakaputa oranga mōna me tāna whānau, hapū, iwi rānei.

He pērā anō hoki te mana o te whenua tangata. Ka whānau mai he pēpi ka tere mai te whenua ki waho o tōna whāea. Koia nei te wāhi i whiwhi ai te pēpi i te oranga i te wā e tupu ana i roto i te puku o tōna whāea. Ko te tikanga kaua e tuku noa, e tahuna rānei te whenua nei, engari kia tanumia i roto i a Papatūānuku, hei tohu ka tupu tonu te mana ora mō te tangata. Ahakoa ko ēnei, he maha ngā take e pā ana ki te mana whenua: he take tūpuna, he pā tūwatawata, he ringa kaha, he raupatu, he rāhui, he ahi kā, he mana rangatira, he wāhi tapu.

Mana Tangata: Koia tēnei te mana i riro mai ki te tangata i runga ake i tōna kaha ki te whai i tētahi tohungatanga mahi me te mātauranga. Pērā i te toa whawhai, he mana tōna nā tana kaha ki te mau ki ngā mahi a Tūmatauenga. He mana anō tō te wahine i roto i āna mahi tiaki tangata me āna mahi karanga manuhiri, manaaki tangata hoki i runga i ngā marae.

He tini rawa ngā kōrero me ngā tikanga mō te kupu mana. Engari me tirotiro atu i raro i te wehetanga i runga ake. Ko te mana, te tapu me te ihi—kotahi anō ō rātou aronga.

Mana (Power, Authority, Prestige)

Mana is the enduring, indestructible power of the gods. It is the sacred fire that is without beginning and without end. Tāne ascended by the sacred vine in order that he might retrieve the mana or sacred power of the gods, which was known to the ancestors as the ahi kōmau. Tāne was not successful in his attempt to retrieve the ahi kōmau, but he did bring back to earth the knowledge of how one might acquire this sacred power. When the priestly experts carried out their ritual at the altars on the marae, they would light a fire as a symbol of the ahi kōmau, that is, of the sacred power of the gods. In these rituals, which were performed under priestly direction, it was possible for one to enter the confines of the whare maihi or sacred carved house.

In modern times the term mana has taken on various meanings, including the power of the gods, the power of ancestors, the power of the land, and the power of the individual.

Mana Atua: This is the very sacred power of the gods known as the ahi kōmau which is given to those persons who conform to sacred ritual and principles.

Mana Tūpuna: This is the power or authority handed down through chiefly lineage; that is, from the paramount chiefs and others who possessed it. The power is passed down from generation to generation. Those who inherit mana must carry out the various rituals and duties to maintain this power handed down from the ancient ones.

Mana Whenua: This is the power associated with the possession of lands; it is also the power associated with the ability of the land to produce the bounties of nature. When the world was created, the gods implanted this procreative power within the womb of Mother Earth. By the power of mana mauri all things have the potential for growth and development towards maturity. There is another aspect to the power of land: a person who possesses land has the power to produce a livelihood for family and tribe, and every effort is made to protect these rights.

There is also an association between mana and the afterbirth or placenta of a person and the land. When a child is born the afterbirth is expelled from the mother. This afterbirth or whenua was the source of nourishment when the child was growing in the womb, and it is a living entity. For this reason it is not appropriate to throw it away carelessly or to burn it; instead, it should be buried in the earth as a sign that the child will continue to grow and develop. In addition, there were a number of other important principles associated with the mana of land, some of which are still applicable today, including: inherited rights, the establishment of fortresses, the power to control and protect, land confiscation, conservation, chiefly status, and sacred burial grounds.

Mana Tangata: This is the power acquired by an individual according to his or her ability and effort to develop skills and to gain knowledge in particular areas. For example, a skilled warrior was able to acquire mana through the arts of combat and warfare under the code of law of Tūmatauenga, the god of war. Women have personal power in respect of their role in taking care of children and, on the marae, in welcoming and caring for visitors.

There are many more nuances of meaning associated with the term mana, but the broad meanings outlined above distinguish the major usages.

Manaaki

Ko te kupu manaaki, ko tōna tino tikanga ko te mana o te kupu mana-ā-kī hei reo aroha, atawhai hoki ki te tangata. He pēnei tonu te kupu manaakitanga:

> Nāu te rourou,
> Nāku te rourou,
> Ka mākona te iwi.

He mauri manaaki ka whakairia ki te tara whāiti o te whare tūpuna. Ko tōna tikanga he tohu ki te tangata whenua (te hunga nō rātou te marae) kia atawhaitia, kia tiakina hoki te manuhiri ka tau ki runga i tō rātou marae. Ko te mea nui, kia tini te kai, kia whai moenga, kia pai tonu ngā kōrero, kia tau te rangimārie ki runga i te whakaminenga. Nā ēnei tikanga ka tino rangatira te hui.

Manaaki (Hospitality)

Manaaki is derived from the power of the word as in mana-ā-ki, and means to express love and hospitality towards people. The following is a modern saying often used to express hospitality:

> Your contribution
> And my contribution
> Will provide sufficient for all.

The mauri manaaki or talisman of hospitality is planted on the left-hand side of an ancestral house. Its purpose is to remind the host people, to whom the house belongs, that they should be charitable and kind to visitors who come to their marae. The most important attributes for the hosts are to provide an abundance of food, a place to rest, and to speak nicely to visitors so that peace prevails during the gathering. If these principles are implemented a hui will more likely be regarded as a memorable occasion.

Manaaki Whare

He rerekē te mahi manaaki whare i te mahi whakatuwhera whare whakairo. E āhua rite ana tēnei tikanga ki ngā mahi o ngā hāhi mō te manaaki whare. Engari, ki ētahi Māori he mea tika kia haere tahi te wāhanga Māori me te mahi a ngā hāhi. Ki te hokona e tētahi whānau he whare mō rātou, ko te hiahia kia manaakitia taua whare i mua i tō rātou nohotanga i roto i te whare, ahakoa he whare hou (kātahi anō ka oti te hanga), he whare tawhito rānei (arā, he tangata kē i noho ki reira), he whare reti rānei.

Nō reira, koia ēnei ko ētahi o ngā tikanga mō te manaaki whare. Ko te tikanga tuatahi me tīmata ngā mahi i waho o te whare. I reira ka whakahaerengia ngā karakia Māori hei para i te huarahi, hei whakakōpera atu i ngā mana me ngā tapu kāhore e tika ana kia whai wāhi rātou ki reira. E kīia nei te kōrero ka whakawātea te whenua, te whare rānei mō te whānau ka noho atu ki reira. Ka mutu ēnei mahi ka tangohia e te tohunga he parāoa (kua oti i a ia te whakatapu) ka whakapā atu ki ngā pātū huri rauna i te whare me ngā karakia whakatapu ki te atua ora. Ko te take i pēnei ai, he mea whakanoa i te tapu kino, ā, ka poua e te karakia te tapu o te atua atawhai. Ka hou atu te hunga katoa ki roto i te whare, ka pērā anō ngā karakia me te whakapā atu i te parāoa ki ngā pātū me ngā taputapu o te whare. Nā, ka oti ēnei mahi i roto i te rūma noho o te whare. I konei ka karakia te tohunga, mutu atu, ko ngā mihimihi rātou ki a rātou, ā, oti te mahi nei.

Nā, ko ngā parāoa i mahia ai te whare, ka pangaia atu ki waho hei whāngai i ngā atua o te pō. Ko ētahi o ngā toenga, ka hoatu ki ngā tāngata hei kai, pērā i te kai mō te hapa tapu. Ki ētahi, ka whakatapua he wai, ā, ka uwhiuwhia ki waho ki ngā pātū o te whare, ki roto rānei.

Nā reira, i muri i te whakataputanga o te whare, ka tū he hākari hei whakamahana i te whare me te whānau katoa.

Manaaki Whare (Blessing a Home)

The function of blessing a home or house is a little different from opening a traditional carved meeting house. This particular custom follows the general Christian practice of blessing a new house. But a number of Māori incorporate traditional Māori ritual as well as Christian practices in the blessing ceremony.

When a family purchases a new house they often want it to be blessed before they settle into it. The following outline is typical of the procedures involved in blessing a home. The ritual commences outside the house where various prayers are chanted to clear the land of any unwelcome influences or evil spirits. This particular part of the ceremony is equivalent to exorcising the land and the house so that the family can settle in and not suffer any discomfort from evil spirits. When this part of the ceremony is over the priest takes a piece of bread that has been blessed and touches the outside walls of the house as he utters invocations to the gods. The purpose of this is to dissipate any evil influences and to invite the sacred influence of the benevolent gods to be present. When this is done the priest enters the house and proceeds to bless the house with the bread and accompanying prayers. The ceremony is completed within the main family room. The minister conducts a service and the blessing is complete.

Now the bread that was used in the ritual blessing is disposed of outside as a token of appeasement to the guardian spirits. A portion of the bread is retained and offered to the members of the family present as a symbol of the sacrament. Sometimes fresh water is used in place of the bread, or in conjunction with it; the water is blessed and sprinkled around the house, on the walls of the house, and inside the house as well.

After the blessing is compelted, a hākari or special meal is eaten as part of the house-warming and to symbolize family unity.

Manawa

I te hanganga o te ao e Iomatua me āna kaimahi, ka whakatōkia e ia he manawa ora ki roto i ngā mea katoa i runga i tōna ake ritenga, i tōna ake ritenga. Ka whakahāngia e rātou he manawa ora ki roto i te whenua, i te moana, i te ngahere, i te ika, i te manu, i te kararehe, i ngā mea ora katoa. Koia anō te mana e kīia nei ko te manawa whītiki kia āhei tētahi mea ki te tupu i runga i te ritetanga o tōna āhua. Ko te mauri tapu e taea ai te hono ki ngā wāhanga e rua: ko te wairua, ko te kiko. Ko te mauri anō te mana whakawehe, nō reira, ka memeha noa, ā, ka mate taua mea. Nā te manawa ka tupu ora te tangata.

He manawa ka whītikitia, he mauri ka mau te hono; ko te hunga mate kua wehe koutou i te hono . . .

Ko te manawa ora he wāhanga tērā nō te ahi kōmau, arā, ko te ahi tapu pirau kore o Iomatua. Ka tīkina e Tānenuiarangi te wānanga, ka mauria ki te tūāhu ki reira tanu ai, arā, ko te kōrero e kīia nei:

Ka rokohanga atu rā, ka riro iho ai ngā kete o te wānanga, ka tiritiria, ka poupoua ki Papatūānuku.

Kātahi ka tahuna e ia he ahi tapu hei manawa ora mō te wānanga, hei āraitia hoki te wānanga, kia kaua te tangata poka noa e uru atu ki reira. Heoi, nā te karakia ka poua he manawa ki runga i ngā mea i hangaia e te tangata, pēnei he whare tapu. E waiho ana te karakia hei manawa tapu mō te whare. He pērā anō te aroha, koia tērā, he mana tapu, ka pupū ake i te whatumanawa. Ko taua mana hoki i aro mai i a Iomatua.

Manawa (Sacred Fire)

When Iomatua and his assistants created the universe, they instilled into everything, according to its kind, the manawa ora or portion of the sacred fire. They established the manawa ora of the land, of the sea, of fish, of birds, of animals, and of every living thing. The manawa ora is the elemental energy or power of growth; it is the life-giving force which allows a thing or person to develop within its particular sphere of creation. The mauri is the sacred power of the gods that combines the elements of spirit and flesh; the manawa ora provides energy and the capacity for their growth. The mauri also has the power to take away the gift of life so that a living thing decays and dies.

> The manawa ora activates life, the mauri joins the elements of life (both physical and spiritual); the dead no longer have the binding force of the mauri.

The manawa ora is a portion of the ahi kōmau or sacred fire, the inextinguishable fire of Iomatua. When Tāne retrieved the wānanga or sacred knowledge from the gods, he took it to the tuāhu or sacred mound on the marae ātea and buried it. He also lit a sacred fire (a representation of the ahi kōmau) above it to guard against any unauthorized person entering and taking the knowledge. This action is indicated in the following lines from the oral tradition:

> The sacred knowledge was retrieved and implanted into the bosom of Papatūānuku.

By means of prayer and incantation the manawa ora can be implanted by man into inanimate things, for example in a sacred house. The prayers represent the sacred fire of the house. It is also true of the term aroha, that is, the sacred power that wells up from the heart. The power of aroha also comes from the gods.

Manuhiri

Ko ngā manuhiri ko rātou ngā tāngata haere ki ētahi atu marae ki ngā hui Māori. Ko te tikanga kia tatari rātou i te waha o te marae kia rongohia te karanga o ngā kuia o te tangata whenua. Pēnei hoki te āhua o ngā kaikaranga:

> Haere mai te manuhiri tūārangi, nā tāku pōtiki koe i tiki atu i te tahatū o te rangi kukume mai rā, haere mai, haere mai, haere mai.

Nā, ka whakaeke te manuhiri ki runga i te marae. Ka mutu ngā whaikōrero me ngā rūrū kātahi anō ka wātea te manuhiri ki te haere noa ki runga ki te marae. Ki te noho te manuhiri ki roto i te marae, ko te wāhi mō rātou ko te taha matau o te whare, ki reira rātou moe ai.

I ētahi wā, ahakoa nōu ake te marae ka whakamanuhiritia koe ki tōu ake marae i ngā wā e ngaro atu koe i te kāinga, ā, ka hoki anō koe ki ngā hui.

I ngā rā o mua, i nāianei tonu, ka haere te manuhiri ki tētahi marae ka mauria ake he koha hei āwhina i ngā mahi o te hui, arā, te whāngai tangata, te aha, te aha. E mahara ana ahau ki ngā wā o mua, ka tū he hui ki tō mātou kāinga ka haere mai ngā whanaunga o Mitimiti me ā rātou kanae, kūtai hoki. Nō reira i pērā ai aku kōrero mō te kupu 'koha' he moni te nuinga o ngā koha o ēnei rā.

Manuhiri (Visitors)

Manuhiri is the term used for the visitors who come to a marae to participate in social functions. It is customary for the manuhiri to wait outside the gate or main entrance of a marae until they are called in by the elderly women of the host people. Here is an example of a karanga or call of welcome:

> Welcome visitors from afar, it was my youngest child who brought you here from distant places. Come forth, welcome, welcome, welcome here.

The visitors then proceed on foot onto the marae. When the formal speeches and greetings are over the visitors are free to mingle with the host people. If the visitors expect to stay for a few days, for the duration of the function, then they will be given a special place on the right-hand side of the meeting-house where they will sleep.

Sometimes, even though people may come from the marae where the function is being held, they may be classed as visitors on their own marae, especially if they are living and working away from their home village and are returning for the purpose of a hui or gathering.

Today, when visitors attend a hui they take donations in the form of money or other contributions, such as food, as a gesture of gratitude to the hosts. I recall vividly occasions when we held a hui in our village, and some of our relatives who came from the coast at Mitimiti brought fresh mullet and mussels from that area. However, as I have previously indicated in the entry on koha, most contributions nowadays are given in the form of money.

Māori

Koia tēnei te ingoa o te tangata whenua o Aotearoa. Kāore i te tino mōhio he aha te pūtake o tēnei ingoa, engari nā ngā Māori i tapa tēnei ingoa ki a rātou. Ko te kupu māori e kōrerotia ana mō ētahi atu mea pēnei, he wai māori, te āhua māori rānei. Ko te wai māori, koia te wai o ngā awa me ngā puna, te wai rānei o te ua. Ehara i te wai tote o ngā moana. Ko te āhua māori, koia te āhua o ngā mea o tēnei ao, arā, ehara i ngā mea i whai ritenga wairua anake. Koia te kikokikotanga o ngā mea katoa, ā tōna wā, ka mate haere, ka memeha noa.

Māori (Indigenous People of New Zealand)

Māori is the name given to the indigenous people of New Zealand. The origin of the name is not known, but the Māori are supposed to have referred to themselves as Māori well before the arrival of the Pākehā. The word māori is also used as an adjective to denote anything in it natural state. 'Wai māori', for example, is fresh water, whether from springs, rivers, or rain water, but not salt-water from the sea. The natural state referred to in the word is the temporal or physical nature of things in this world as opposed to the immortal or spiritual elements of the world. It is the temporal, material aspect of all things, that part of living things which is subject to death and decay.

Waka taua, symbolizing Māori identity, Waitangi, 1990. *Gil Hanly*

Marae

Ko te marae te tūrangawaewae o te iwi. I ngā wā o mua, ko te marae te wāhi kei mua i te whare maihi, arā, te whare whakairo, e kīia nei ko taua wāhi ko te marae ātea. I konei, ka mahia e ngā tohunga ngā ritenga tapu o te iwi me ngā tikanga e pā ana ki a rātou.

Ka hangā e ngā mātua he pā tūwatawata, ka whakanohongia he tūtei i tōna nohoanga ki runga i te pūhara. Ko te taua kei roto i te pā tūwatawata e noho ana, e whakarongo ana ki te reo karanga o te tūtei, nō te mea ko te tangata tērā hei whakaatu ki a rātou i ngā taua e whakaeke mai ana. Ka kūpara mai te ata ka kitea e te tūtei te taua e whakaeke mai ana. Ka karanga te tūtei:

> Kō, kō, kokoia e ara ē,
> Kia hiwa rā, kia hiwa rā,
> Kia hiwa rā ki tēnei tuku, kia hiwa rā ki tērā tuku,
> E tuku kei whakapurua koe ki te moemoe tonu moe tonu.

Ko te whakaekenga mai o te taua ki te pā nei, kore rawa tēnei pā e hinga, kore rawa hoki tētahi tangata kotahi o rātou e mate nō te mea ko tēnei pā i hangā ki te wāhi kāhore e taea te whakangāueue e te hoariri. Ko te whare e tū ki te paenga, ka patua ngā tāngata, ka tahuna te whare ki te ahi.

Kei roto i te pā tūwatawata e tū ana he whare maihi. Ko tēnei whare he whare whakapaipai, he mea whakairo, he tohu nō te rangatira e mōhiotia ai e ngā iwi. Ko ngā tāngata e tomo ana ki roto, he tohunga te ingoa. E kore e tomo noa he tangata ki roto i taua whare kia mātua tohia rā anōtia ia ki roto i te waitapu, ā, kia riro rā anō ki a rātou te kura taininihi me te ahi kōmau, kātahi anō ka uru ki roto i te whare maihi.

Kāti, i roto i ēnei rā ko ngā whare katoa o tētahi papakāinga e kīia ana he marae. E tū ana he whare whakairo, he wharekai me te marae ātea. I konei ka whakamārama ake ahau i te marae o Te Whare Wānanga o Ākarana, hei kōrero tauira mō ngā marae e tū ana, puta noa i ngā rohe o te ao Māori.

Nā, ko te marae ātea, ko Waipapa. Koia tēnei te ingoa i homai e Ngāti Whātua mō te marae ātea. I ngā rā o mua, ka tū he marae ki te taha o te teihana o Ākarana hei marae mō ngā iwi katoa o te motu e rapu mahi ana i roto i te tāone nei. Ko te whare whakairo, ko Tānenuiarangi. I mua atu i ngā mahi hanga i te whare, ka huihui ētahi o ngā kaumātua e noho ana i te Tai Tokerau whānui, ki te whiriwhiri kaupapa mō te marae nei. Ka whakaae mai rātou ki te ingoa o Tānenuiarangi nā te mea kāhore rātou i pai kia tautohetohe tonu ngā iwi mō te kaupapa o te whare. Ka piki ake ō rātou whakaaro ki te tīmatanga mai o te ao, ki a Tānenuiarangi, te tangata tuatahi i noho ki tēnei ao. Nā, ko te wharekai, ko Reipae. Ko te take i tapa te ingoa nei ki runga i te wharekai hei tātai hono i ngā iwi o Waikato me te Tai Tokerau. Ko Reipae nō Ngāti Pou he uri nō Hoturoa, ka moe ia i a Rūawharo he uri nō ngā kāwai rangatira o Ngāti Whātua me Ngāpuhi.

Ka pau te rua tau ka oti te hanga te marae nei. Ko Paki Harihana te tohunga whakairo me te kaiwhakahaere o ngā mahi katoa. I whakapuaretia te marae i te marama o Pēpuere, 1988, ā, ko Manga Tau o Ngāpuhi te tohunga ahurewa i tā i te kawa o te whare.

E kaha tonu ana ngā Māori ki te whakatū marae ki runga anō i ō rātou whenua tūpuna, ā, tae noa ki ngā takiwā o ngā pā nui me ngā kura o te motu. Tērā pea, nā ēnei tū mahi e kitea tonutia ana kei te ora te ao Māori i waenganui i a tauiwi.

Tamatekapua Marae, Ohinemutu, Hui Tōpu, 1971. *Jeremy Salmond*

Marae (Community Facilities)

The marae is a symbol of tribal identity and solidarity. Formerly the marae proper was designated as the open area of land directly in front of the sacred carved house, and was known as the marae ātea. It was on the marae ātea that the priestly experts conducted their sacred rituals on behalf of the people and for their own needs.

A tribal group would build fortified villages and position a sentry at the top of the pūhara or watch-tower. The warriors would remain within the fortress and listen for the warning voice of the sentry. The duty of the sentry was to signal the approach of an enemy war-party. Usually, at the break of dawn, the sentry was able to observe the enemy advancing towards the fortress. He would shout out a warning cry or whakaara:

Awake, there the enemy approaches,
Beware and be alert,
Rise up and man the battlements,
Lest ye be slaughtered in your sleep.

When the enemy attacked such a fortress it didn't fall, and no lives were lost, because it was built to withstand attack by the enemy. But if it were built in the open, then the occupants were easily slaughtered and the fortress burned to the ground.

Inside the fortified area a whare maihi or sacred house was built. This house was highly decorated and had very intricate carving. It was a symbol of the status of the owners. The people who were permitted to enter the whare maihi were called tohunga or chiefly experts. A person could not enter the whare maihi unless they were appropriately endowed, having received a proper ordination through priestly sanction and the ahi kōmau or power of the gods.

Nowadays, however, all the buildings associated with a community facility are collectively known as a marae. The marae consists of a carved meeting-house, a dining-hall and cooking area, as well as the marae ātea or sacred space in front of the meeting-house.

At this point I will briefly describe the marae complex situated on the Auckand University campus to illustrate what a modern marae facility consists of.

The marae ātea is called Waipapa. The name was given by the local Ngāti Whātua tribe and was the name of a marae which once stood near the present Auckland Railway Station, and which was donated by Ngāti Whātua to migrant Māori from all over New Zealand who were seeking work in the city. The main carved meeting-house is called Tānenuiarangi. Before construction on the complex began, a meeting was called of local Māori elders and others from the Tai Tokerau district to discuss the theme or kaupapa of the marae. After considerable discussion they agreed to name the house Tānenuiarangi, to avoid any possible dispute by naming it after a more recent tribal ancestor. Instead they went back in time to the creation of the first man, Tānenuiarangi, and this is the name they agreed on.

The dining facility is called Reipae. It was so named to acknowledge the connections of Waikato and Ngāti Whātua. Reipae was a descendant of Hoturoa (of Tainui) and she married Ruāwharo, who was a descendant of the chiefly lines of Ngāti Whātua and Ngāpuhi.

It took two years to complete the project. Paki Harrison was the chief carver and project supervisor. The complex was officially opened in February 1988, and Manga Tau of Ngāpuhi was the officiating tohunga for the traditional ritual ceremonies.

Lately, Māori have made great advancements in establishing marae in urban areas, such as on school and university campuses as well as in their tribal areas. No doubt this is a very positive indication that the Māori culture will survive, in spite of the effect of foreign cultures.

Maramataka

Ko te maramataka te rārangi tātai e whakamārama ake ana i ngā wā o te tau i runga i te āhua o te marama, arā, ngā kaupeka me ngā pō. E tīmata ana he tau hou i te aranga ake o Matariki i te kaupeka o Pipiri, nā, ahakoa he ingoa tawhito tō te Māori mō ngā kaupeka o te tau, kua mau rātou ki ngā ingoa Pākehā kua oti te whakamāori, arā, Hānuere, Pēpuere, te aha, te aha. Kua whakawehea anō e rātou ngā pō kia toru tekau mō ia kaupeka.

Ko te pūtake o ēnei tātai wā, he tohu nui kia mōhio te tangata he aha te wā tika mō te whakarite i ā rātou tikanga, mahinga hoki mō te whakatō kai, mō te hauhake, mō te hī ika me te kohi kai mātaitai, mō te rama tuna, mō te rāhui, mō te haere moana. Ko te maramataka e whai iho nei e tohu ana i ngā pō me ngā mahi e tika ana mō ia pō. (Kei ētahi atu ō rātou ingoa pō engari e ōrite ana te mahi o ia pō, o ia pō.)

1 **Whiro:** He rā pai mō te whakatō me te hī.
2 **Tirea:** He rā pai mō te whakatō, ruku kōura, me te rama tuna.
3 **Ohoata:** He rā pai mō te whakatō kūmara me ngā purapura; te ruku kōura me te rama tuna.
4 **Oue:** He rā pai mō te whakatō, mō te hī ika hoki.
5 **Okoro:** He rā anō.
6 **Tamatea Ngana:** Āhua pai mō te whakatō me te hī. Ka tīmata te hau ki te pupuhi, he kaha hoki te ia o te moana. Ka kino haere ngā rangi.
7 **Tamatea Āiō:** He rā tino pai mō te hī, engari kia tūpato ki te rangi. Ka pupuke ngā ngaru, e heke ana te kohu. Pai mō te hua tupu i runga i te whenua.
8 **Tamatea:** He tini rawa te tuna, ika, me te kūmara, engari he nohinohi rawa. Titiro ki te āhua o te rangi, kei mau.
9 **Tamatea Whakapau:** Āhua pai mō te whakatō i ngā ahiahi. Āhua pai mō te hī.
10 **Ari:** He rā kino.
11 **Huna:** He rā kino, e huna ana te ika.
12 **Māwharu:** He rā pai mō te whakatō, engari ka pirau wawe te kai. He rā pai hoki mō te hī.
13 **Atua:** Kāhore he pai mō te hī me te whakatō.
14 **Turu:** He rā pai mō te hī me te whakatō, mai i te poutūmārōtanga o te rā ā tae noa ki te torengitanga o te rā.
15 **Rākaunui:** He rā pai mō te whakatō me te hī. Ehara mō te hī tuna.
16 **Rākaumatohi:** He rā pai mō te whakatō me te hī.
17 **Takirau:** Āhua pōuri haere te mata o te marama. Ko ngā kūmara ka whakatōkia i tēnei rā, he nohinohi rawa. Pērā te tuna me te kōura.

18   **Oike:** He rā anō. Kāhore e pai mō te whakatō me te hī.
19   **Korekore Tē Whiwhia:** He rā kino.
20   **Korekore Rawa:** He rā kino.
21   **Korekore Piri ki Tangaroa:** He rā pai rawa mō te whakatō me te hī i te ahiahi o te rā.
22   **Tangaroa Ā Mua:** He rā pai mō te whakatō me te hī kōura, tuna rānei.
23   **Tangaroa Ā Roto:** He rā pai mō te whakatō me te hī kōura, tuna rānei.
24   **Tangaroa Kiokio:** He rā pai mō te whakatō me te hī kōura, tuna rānei.
25   **Tangaroa Whakapau:** He rā pai mō te whakatō me te hī kōura, tuna hoki.
26   **Ōtāne:** He rā pai mō te whakatō me te hī kōura, tuna hoki.
27   **Ōrongonui:** He rā pai mō te whakatō me te hī kōura, tuna rānei. He rā pai mō te hokohoko.
28   **Maurea:** Kāhore e tino pai mō te whakatō me te hī. E huna ana te tuna me te kōura.
29   **Mutu:** He rā kino.
30   **Mutuwhenua:** He rā kino. E noho ana te ao i roto i te pōuri—e ai ki te Māori.

Hei whakamārama: Whiro: ko te rā ka taka mai i muri iho i te marama hou i runga i te tohu o te maramataka Pākehā. Rākaunui: ko te rā ka taka mai i muri i te marama kī rawa i runga i te tohu o te maramataka Pākehā.

Kāti rā, ahakoa kua whakamāramatia ake ngā pō tika mō te whakarite i tētahi mahi, mena kāhore he ika, he momo kai rānei kei tētahi wāhi, kāhore e mau i te tangata ahakoa pēhea te pai o taua wā. He tini rawa ngā tauranga ika, ngahere hoki o ngā tūpuna kua tūkinotia e te Pākehā; kua koraha tonu, kua hemo te tangata i te mate kai, kua ngaro hoki te mauri o te whenua me te moana.

Maramataka (Monthly Calender)

The maramataka is a calendar of the times of the year according to the cycle of the moon, which determines the months of the year and the days of the month. Traditionally, the new year began with the appearance of Pleiades in what is now known as the month of June. Although the Māori had names for the months of the year, they have now adopted the trasliterations of the English calender months: January, February, etc. The Māori month was divided into thirty days or nights.

The primary purpose of the calendar was to indicate appropriate times for carrying out activities such as planting crops, harvesting, fishing, gathering seafood, fishing eels, conserving resources, and for sea travel and exploration. The following calendar gives the names of the days of the month, and some indication of the activities that are appropriate for the respective times or days listed. (It should be remembered that there are minor variations amongst tribal groups in the names for the days, but the activities described for each day are generally consistent.)

1   **Whiro:** A good day for planting and fishing.
2   **Tirea:** A good day for planting, crayfishing, and catching eels by torchlight.
3   **Ohoata:** A very good day for planting kūmara and any seeds; also for crayfishing or torching for eels.
4   **Oue:** A good day for planting, also for fishing.
5   **Okoro:** Just another day.
6   **Tamatea Angana:** Fair for planting and fishing. Windy, with strong sea currents; expect a change of weather.
7   **Tamatea Aio:** A very good day for fishing, but watch out for the weather. Big waves will come up, and the weather will be overcast. Good for cropping.
8. **Tamatea:** Eels, fish, and kūmara are plentiful but small in size. When boating keep an eye to the weather.
9   **Tamatea Whakapau:** Fair for planting from midday only, also fair for fishing.
10 **Ari:** A bad day.
11 **Huna:** A bad day (fish very timid).
12 **Māwharu:** A very good day for planting but food does not keep very long; also a good day for fishing.
13 **Atua:** Not a very good day for fishing and planting.
14 **Turu:** A fair day for fishing and planting from midday to sunset.
15 **Rākaunui:** A very good day for planting and fishing (but not eeling).
16 **Rākaumatohi:** A very good day for planting and fishing.
17 **Takirau:** The moon is losing its brightness. Kūmara planted on this day are small; also crayfish and eels.
18 **Oike:** Just another day. Not the best for planting and fishing.
19 **Korekore Tē Whiwhia:** A bad day.
20 **Korekore Rawa:** A bad day.
21 **Korekore Piri Ki Tangaroa:** A very good day from midday to sunset for planting, fishing, and so on.
22 **Tangaroa Ā Mua:** A very good day for planting and fishing for crayfish and eels. Anything planted on the days of Tangaroa produces size and number.

23 **Tangaroa Ā Roto:** A very good day for planting and fishing for crayfish and eels.

24 **Tangaroa Kiokio:** A very good day for planting and fishing for crayfish and eels.

25 **Tangaroa Whakapau:** A very good day for planting and fishing for crayfish and eels.

26 **Ōtāne:** A very good day for planting and fishing for crayfish and eels.

27 **Ōrongonui:** A very good day for planting, and fishing for crayfish and eels; also a good day for business.

28 **Maurea:** Not a very good day for planting, fishing, or eeling, and crayfish are very elusive.

29 **Mutu:** A bad day.

30 **Mutuwhenua:** A bad day. The world is in darkness, according to Māori belief.

An explanation: Whiro falls on the day after the new moon; Rākaunui falls on the day after the full moon.

It should be realized, however, that even though the instructions provide valid guidelines, one cannot catch a fish if there is nothing to catch. Many of the traditional fishing grounds, forests, and land resources have been plundered and destroyed. Most of the traditional foods are no longer available to the Māori and the sensitivity of their native palate has suffered from exposure to the chemicals used in modern methods of food production.

Mātua Whāngai

Ko tōna tikanga ko ngā mātua, tūpuna e atawhai, e tiaki ana hoki i ngā tamariki, mokopuna. I ngā wā o mua, he tikanga tūturu i waenganui i te Māori kia tukuna mā ngā tūpuna e tiaki ngā mokopuna mātāmua a ana uri. I ēnei rā, he tikanga mau tonu kia tiakina e ngā mātua tūpuna ētahi o ā rātou mokopuna, irāmutu hoki.

Nā reira, i te whakatūtanga o ngā kōhanga reo ka huri ngā whakaaro o te iwi Māori ki ā rātou tamariki kua taka ki roto i te hē. Ka wānanga rātou me te kāwanatanga kia tirotirohia tētahi kaupapa hei whakatinana i ō rātou wawata me ō rātou tūmanakohanga mō ngā tamariki. Ka kōkiritia te take nei e ētahi mema o te Pōari Matua o Te Kōhanga Reo ki te Tari Toko i te Ora me te Tari o Te Ture (Tari Whakawā). Koia tēnei te tāhuhu o tā rātou kaupapa i whakatakotohia:

1   Nā te mea ko te nuinga o ngā tamariki kei roto i ngā whare herehere he Māori, hoatu te mana ki ngā whānau, hapū hoki ki te tiaki i ā rātou ake tamariki, arā, ngā mea kāhore e tino kino ana.

2   Ka whakaaro anō rātou kia tukuna ēnei tamariki e te Kōti ki ō rātou marae kia tiakina rātou e ō rātou ake mātua, whanaunga. Ko te tikanga mā ngā whānau rātou e ropiropi, e awhiawhi, e atawhai.

3   Me whakatū e te iwi he mahi ki runga i ngā marae pēnei i te kura whakairo, i te kura whakatō kai, i te kura kāmura, te aha, te aha, kia whai mahi ahuwhenua ngā tamariki.

4   Whakatūria hoki ngā tāngata kei a rātou te tohungatanga mō te whakahaere i ēnei tū momo mahi.

5   Tono atu ki ngā tari o te kāwanatanga kia riro mai ngā pūtea moni kia rere haere ngā mahi. Ko te nui o te moni kia pērā i te nui o te moni mō te tiaki i ngā tamariki i a rātou i roto i ngā whare herehere.

Nō reira, ahakoa te pai o te kaupapa nei kāhore anō kia whakamānutia ake, nā te mea kāhore anō te kāwanatanga kia tino tautoko i te kaupapa nei. Ko te wāhi o te kaupapa i raru ai rātou ko te tikanga tuarima i runga ake nei. Kīhai rātou i pai ki te tuku i te wāhanga o te pūtea hei manaaki mai i te kaupapa.

Kia ahatia, ahakoa kāhore e whakatutukingia ngā wawata, he tini rawa ngā Māori kua huri atu ki ngā tamariki mōkai nei ki te āwhina, ki te tiaki i a rātou.

Hūtia te rito o te harakeke,
Kei hea rā te kōmako e?
Ka kī mai koe, he aha te mea nui,
Ka kī atu au—
He tangata, he tangata, he tangata.

Ko ngā tamariki, koia nei te wāhi hei whakatika atu kia tupu kaha te iwi Māori ā ngā rā ka heke iho.

Mātua Whāngai (Foster Parents)

Mātua Whāngai refers to the custom of grandparents raising and taking care of their grandchildren. In days of old, it was a general custom amongst the Māori for the grandparents to take care of the first-born of their grandchildren, and the practice continues today, for many grandparents, aunts, and uncles take care of their grandchildren, nieces, and nephews.

However, since the establishment of the kōhanga reo (language nests) the Māori people have also given attention to assisting children who have fallen foul of the law. They have discussed along with representatives of the government, possibilities for establishing policies to realize their wishes concerning the care of children at risk. Officials of the National Kōhanga Reo Trust Board have made submissions to the Department of Social Welfare and the Justice Department to try to resolve some of these problems. Briefly their submissions stated that:

1   Because there are so many Māori children breaking the law, the extended families should be given the opportunity to care for their own children, particularly those who were not charged with very serious offences.
2   Such children should be released by the courts to the care of their families and relatives on their marae, who would be given the responsibility to rehabilitate them.
3   The families involved should be given the responsibility to set up work skills programmes such as carving, agriculture, and carpentry so that these young people might gain useful work skills and experience.
4   Members of the families involved should be given full responsibility for the administration and organization of these programmes.
5   It was requested that a certain sum of money be received from the respective government departments in order to operate the scheme. The money requested was to be equivalent to the amount required to take care of each offender if they had to be cared for in some state institution.

While this appeared to be a very sound scheme, it has not been successful because it has not received the full support of government agencies. Probably the sticking-point of the whole scheme is funding—insufficient funds have been provided to establish an economic basis for the project.

Though these hopes have not been realized, a number of Māori individuals and organizations have turned to assist these children by donating labour and other resources. They have been guided by the sentiments expressed in the following saying concerning the importance and value of human life:

> Pluck the centre shoot of the flax
> And where will the bell-bird be?
> You will say, What is the thing of most importance?
> And I will reply,
> It is people, it is people, it is people.

Parenting is one of the major challenges that the Māori people must address in order to ensure a brighter future for their children.

Mauri

He mana motuhake nō Io anake e taea ai ngā mea katoa te korikori, te tū ora, te puta hei mea i runga i tōna āhua, i tōna āhua. E kore e taea e te tangata te herehere te mauri.

Ka whānau mai te tangata ka honoa e te atua ngā tinana e rua: he tinana wairua, he tinana kikokiko. Nā te mana o Io i taea ai te honohono—tihei mauri ora, ki te wheiao, ki te ao mārama. He mauri tō ngā mea katoa, ahakoa tangata, ika, kararehe, manu, ngahere, whenua, moana, awa hoki. Engari ko te mauri ko te mana e taea tērā mea te whakamau ki te āhua o tōna ritenga. He rerekē te kikokiko o te manu i tō te kararehe, tō te ika i tō te rākau. Mā te mauri ka whakaritea tētahi mea kia mau ki te āhua o tōna whakaritetanga. Ka mate atu te tangata kua kore rawa te mana o te mauri, kia ora tonu ai, ka wehe nei te tinana wairua me te tinana kikokiko. Kua kitea tēnei āhua i roto i te kōrero e whai ake nei:

He manawa ka whītikitia, he mauri ka mau te hono. Ko te hunga mate kua wehe koutou i te hono, kōkiri wairua ki te tihi o mauri aituā.

Ka tāreparepa mai te mauri ora ki te ao; ka tāreparepa atu te mauri mate ki tua o te ārai.

E taea ana e te tangata te whakapūmau te mauri o tētahi mea, pērā i tana mahi hanga whare. Ka hangā e ia he whare, ā, ka poupoua he mauri hei manawa tapu mō te whare. Ko tēnei mauri ko te mana hei tiaki i te whare me te whakarite tika i ngā hiahia, me ngā tūmanako o te iwi. Pērā i ngā moana, i ngā awa, i ngā ngahere hoki, inā ka rere atu ngā momo kai e taea ana te whakahoki te mauri i runga anō i ngā mahi rāhui me ngā mahi tiaki i ēnei wāhi, kia tupu kaha te mōmonatanga o te whenua.

Mauri (Power of the Gods)

Mauri is a special power possessed by Io which makes it possible for everything to move and live in accordance with the conditions and limits of its existence. Everything has a mauri, including people, fish, animals, birds, forests, land, seas, and rivers; the mauri is that power which permits these living things to exist within their own realm and sphere. No one can control their own mauri or life-essence.

When a person is born, the gods bind the two parts of body and spirit of his being together. Only the mauri or power of Io can join them together.

The flesh of a bird is different from the flesh of an animal, and that of a fish from that of a tree. The mauri makes it possible for a thing to exist within the bounds of its own creation. When a person dies, the mauri is no longer able to bind those parts together and thereby give life—and the physical and spiritual parts of a person's being are separated. This is expressed in the following saying:

> The heart provides the breath of life, but the mauri has the power to bind or join. Those who die have been released from this bond and the spirit ascends the pinnacle of death.
> The mauri enters and leaves at the veil which separates the human world from the spirit realm.

While a person cannot control their own mauri, it is possible for someone to establish a mauri for some creation, such as a house. When a house is built, the mauri is established as the sacred heart of the building. This mauri is the power obtained through a covenant with the gods to take care of the house and to fulfil the wishes, desires, and hopes of the people who will use it for noble purposes. Likewise with the oceans, rivers and forests; when the food supplies become depleted it is possible to return the mauri through conservation (rāhui) and appropriate ritual ceremony.

Paepae

Ko te tikanga o te paepae e kōrerotia whānuitia ake nei i ēnei rā, koia te wāhi e noho ana ngā kaumātua, arā, ngā pou kōrero, ngā kaihautū, ngā manu korihi, i runga i ngā marae tapu. He paepae mō te tangata whenua, he paepae mō te manuhiri. Ko ngā tāngata e noho ana i te paepae ko rātou ngā kaumātua mōhio ki ngā kōrero, whakapapa, hītoria, karakia, waiata hoki a tōna iwi. Ki te kūare te tangata e noho ana i te paepae ka mau whakamā te iwi, nā te mea e kōrero ana ia mō te iwi katoa. Nā, ko te ariki o te iwi, arā, te kaumātua poutokomanawa ko ia te kaikōrero whakamutunga, ko te take i pērā ai, kei a ia te kōrero whakatikatika i ngā kaikōrero i mua i a ia, inā kei te hē ā rātou kōrero. Heoi, me waiho rā te pūtake o te hui mā te kaumātua e whakamārama. Ā muri i ngā kaikōrero ka tū tāna rōpū ki te tautoko i a ia ki tētahi waiata e aro ana ki te take o te hui.

I te nuinga o ngā wāhi, kāhore e tika ana kia noho te wahine ki runga i te paepae, ko te take ka whakanoangia te mana o ngā kaumātua. Ko te reo karanga o te wahine hei tohu i te tapu, ko te reo karakia, nā te reo mihi o te tāne ka poua te tapu.

I roto i ngā marae o Ngāpuhi he ingoa anō mō te paepae, arā, ko te taumata tapu. He tikanga anō hoki ā rātou mō ngā kaikōrero e noho ana i te taumata. Ko te kawa taumata he 'pāeke', kia mutu ngā kaimihimihi o te tangata whenua, kātahi ka huri atu ki te taumata manuhiri. Kia mutu te manuhiri, ka whakahoki atu i te mana ki te tangata whenua.

Kaumātua sitting on the paepae, Te Kuiti, 1969. *Auckland University, Anthropology Department*

Paepae (Platform for Speakers)

The paepae refers to the place where the male elders sit in Māori ceremonial gatherings on the marae. The male speakers who occupy this special place are elders who are considered to be expert in the art of oratory, genealogical discourse, tribal history, ritual incantation, and the songs of their people. If a person is unschooled in these matters, then it is inappropriate for him to occupy this place, for he may cause shame and embarrassment to the tribe through his ignorance. It is a customary practice for the paramount chief or senior elder of the tribe (who is present at the function) to be the last speaker. The reason for this is that the senior elder is supposed to possess a high level of wisdom and knowledge and be able to correct any misrepresentations or inaccuracies uttered by the speakers before him. Also, it is out of respect that the ariki or senior speaker is given the opportunity to sum up what has been said, and to open discussion on the primary purpose for the gathering. When a speaker has finished his speech, a group (usually made up of women) support his speech with a song appropriate for the occasion, or which adds to the sentiments which have been expressed in the speeches.

In most areas, women are not permitted to occupy a place on the paepae, the reason being that women may diminish the mana and standing of the elders who are expected to protect their families in times of war and peace. The women have a unique role, however, in that the karanga or call made by the women on the marae signals that the ceremonial proceedings are under way; the incantations and sacred prayers offered by the male elders establish or nullify the tapu of the occasion.

In the Ngāpuhi area the paepae is referred to as the taumata tapu, or sacred threshold. Ngāpuhi have particular nuances of protocol pertaining to the taumata. Pāeke is the term used to describe their speech-making pattern, meaning that after all the host speakers have spoken, the visitors then have the opportunity to respond. When all the speakers on the visitors' taumata are finished, it is the hosts' turn again.

Pākehā

Ko te kupu Pākehā koia te ingoa mō tauiwi, arā, mō ngā kirimā. He ingoa hoki ia mō te patupaiarehe.

Tēnā pea i te kitenga tuatahi o te Pākehā i pōhēhē rātou (te Māori) he patupaiarehe ngā tauhou haere mai i runga i ngā kaipuke. Ahakoa he tikanga anō mō te kupu pākehā, arā, he keha, he momo tuna, ki tāku titiro, kāhore te tikanga o te kupu pākehā i puta mai i ēnei momo kōrero. Kāhore hoki he kōrero kino o te kupu nei, kāhore he tāwainga, kāhore te whakaaro whakahīhī kei roto i tēnei kōrero a te Māori, engari he whakaaro rangatira tō rātou mō ngā tauhou. I whakaritengia ngā Pākehā ki te āhua o ngā atua, arā, he kirimā, he iwi whai mana whakahirahira.

I nāianei, kāhore te ingoa Pākehā e pā ki ngā tauiwi katoa, ko ngā kirimā anake. Ahakoa tērā, kua wehea ngā kirimā hei tāngata Tiamana, Rūhia, Amerikana, Ahitereiria,hei aha, hei aha. Kāhore rawa kia meatia ngā tauiwi, Hapanī, Āhia, Poronīhia, Mangumangu, he Pākehā. Ka tapa rātou ki tō rātou ake momo, pērā i ngā tāngata o te whenua o Hapanī, he iwi Hapanī. Ko ngā Pākehā, ko rātou ngā kirimā i ahu mai i te tuawhenua o Ingarangi whānui.

Pākehā (Foreigner, White New Zealander)

Pākehā is the name that was given by the Māori to the white-skinned immigrants who came from the United Kingdom and settled New Zealand. The name also refers to a patupaiarehe or fairy.

Perhaps the reason why the first white people were called Pākehā by the Māori was that the strangers who arrived on their ships appeared to look like fairies or fair-skinned supernatural beings. The word pākehā can also signify a flea or a type of eel. But in my view the term as applied to white people did not derive from any of these alternative meanings. The word is not a term of denigration in Māori usage, but rather one of respect in associating the new settlers with supernatural beings or god-like people (at least in terms of their appearance).

These days the word Pākehā is not used for all foreigners, only those who have white skin. Further distinctions are made between white races such as Germans, Russians, Americans, Australians, and so forth. Other foreigners such as Japanese, Asians, Polynesians, or Africans are never referred to as Pākehā. They are usually called by the name of the country to which they belong; for example, a person from Japan would be called a Japanese. Again, the genuine Pākehā are those original immigrants who came from the United Kingdom and settled this country.

Pare Kawakawa, Tauā

Ko te pare kawakawa he tohu mate, he rau whiri hei pare mō runga i te mātenga. Ka tae te tangata ki ngā hui tangihanga, ka kitea ngā kuia, koroua rānei e mau pare kawakawa ana, arā, he tauā. Kāhore pea e tino mōhiotia ana e te nuinga o ngā tāngata he aha te take ka pōtaengia rātou ki te tauā, he aha hoki te take e pōwhiritia ana me ngā rau rākau. Ko te kawakawa te tohu aituā o mua. I nāianei he rau rākau he rau kawakawa nō reira te wirou. Nā tētahi kaumātua i mea, ko te wirou te rau tika hei tauā, nā te mea e tūohu ana ōna manga ki te whenua. Koia tēnei ko te tohu nui o te mate. (Engari kāhore au e tino whakaae ki tēnei whakaaro, ehara te wirou i te rākau tūturu o tēnei whenua.) E mea ana anō ētahi ko te tauā e rite ana ki te pare tūmatakuru i pōtaea e ngā Hūrae ki runga i te mātenga o te Karaiti hei tohu ariki.

Ko ngā rau rākau e mau ana i te ringaringa ka āta whiua ki mauī, ki matau ka pērā noa, ka pērā noa. He tohu tēnei hei whakaatu huarahi mō te wairua o te hunga mate. Ka taea te kitea o te wairua e haereere ana ka tomo ake ki te ārai, ka tārepa atu ki te pō.

He kōrero hoki hei whakamārama ake ko te Rēhia i Te Tī, Mangōnui. E mea ana ngā tūpuna, e kore te kanohi māori e kite i ngā mea wairua kia tare rā anō ngā pare kawakawa, arā, ngā tauā, kātahi anō ka kite ngā tūpuna i ngā wairua o ō rātou whānau, whanaunga kua mate atu. Koia ngā mihi poroporoaki:

Haere ngā mate, haere i te Ao Tūroa
Ki te Ao Kume, i kūmea ai ki te Ao Hīrere,
Haere ki te rua o Tapokorau, ki te huarahi
I heke ai a Māui ki te pō, ki te anu mātao

Haere ki te kāhui ariki o ngā rangitūhāhā,
Ki te ara tiatia i pikitia e Tānenuiarangi ki Ranginui
Haere te kawa tūnuku, tūrangi
Tūpapa, tū ai a Tāne

Haere, ka pahemo koutou
Ka ngaro i te Ao Tūroa
Haere ki Ranginui, ki Rangiroa, ki Rangiwhetū mā
Tuatahi, piki atu koutou i te pae o Rehua
Ka nuku atu ai ki maturu roimata.

Ki konā koutou tangi mutunga mai ai
Ki a mātou i mahue iho nei i ō koutou wairua;
Rukea mai ō koutou pare kawakawa [arā, tauā],
Ka heke ai koutou i te aka o te Reinga
I huaina e ngā tūpuna, ko Rēhia.

Ko ngā tauā i rukea mai naka e rātou, kua koretake ki te Ao wairua. Ko ō tātou tinana tūtūā, ka mahue iho i tēnei ao. Ko ō tātou tinana tapu, ko tō tātou tinana tērā e noho ai tātou ki Tikitikiorangi. E pērā ana te tohu o ngā kaitangi tūpāpaku, ka makerea e rātou ngā pare kawakawa ki te pito waewae o te waka tūpāpaku hei tohu e kore e āhei te wairua te tari atu i ngā kikokikotanga o tēnei ao ki tērā atu ao. Ki te mate he tamaiti a tētahi wahine, ka pōtaea e ia te tauā ki tana mātenga kia pōuri ai ana kanohi, kia kite ai ia i te wairua o tana tamaiti.

Heoi anō, ka tae ki te wā ka tukuna te tūpāpaku ki te kōpū o Papatūānuku ka tanumia katoatia ngā pare kawakawa i mauria e ngā tāngata ki te tangihanga, nō te mea kāhore he take o tēnei ki tērā atu ao.

He puna i te rerenga wairua, ko te Waiora a Tāne. Ko te putanga i Wainguru kei raro i te puke—koia tēnei te wāhi ka horoi ngā wairua i a rātou i mua atu i te rukutanga i te moana i te toka o Rarohēnga, ka kauhoetia te ara o Hinemoana, ka whakatā ki Manawatahi, ki Manawarua, ki Manawatoru ka titiro whakamuri ki te Ao tūroa, ki Aotearoa ki te wāhi okiokitanga o ngā wairua, ki Whakatauatia maunga, ki Karere Waka, ki Haumu, ki Murimotu.

Ka pōtaea te mātenga ki te pare kawakawa, nā te mea koia nei te wāhi tino tapu o te tinana katoa. Ko ngā whakaaro, ko te mana me ngā mea katoa e kawea ana i roto i te hinengaro. E mea ana ngā kaumātua, ko te tauā he kupu tawhito mō te mahi mākutu. E pēnei ana te kōrero:

Ka tauātia te tangata i te tangohanga o te rau pare kawakawa hei kauika mō tana kanga ki tētahi atu.

Ka kōrero pēnei mai taku whanaunga a Mahu Wītehira ki au:

I te wā e tamariki tonu ana ahau, ka haere māua ko taku tupuna, a Whautere, ki tētahi tangihanga. Kātahi māua ka mihia e Nika Anihana, ā, ka kowhetengia mātou e ia mō tā mātou kore e mau tauā. Ka pēnei te whakautu a taku matua: 'Kei a au tonu taku tauā, ko taku reo, engari kia tūpato koe.'

Nā tēnei kupu ka mōhio ai ka pā mai he raruraru inā ka totohe tonu

rāua. Nā te mea e taea ana e te kupu te kawe ngā whakaaro, mana hoki
o te tangata pērā i te tohu tango rau i te pare kawakawa hei tauā. Nō
reira i tika ai ko te rau tauā hei tohu i te mana tangata i roto i te mahi
mākutu. Nō reira kua whakamahia e Ngāpuhi te kupu tauā kia rite hoki
ki te tikanga pare kawakawa.

Kuia wearing the pare kawakawa, Coronation Hui, Turangawaewae, 1971.
Jeremy Salmond

Pare Kawakawa, Tauā (Chaplet)

The pare kawakawa or tauā is a plaited wreath of leaves worn on the head. It is a sign of mourning. When one attends a Māori funeral service one is likely to see the pare kawakawa worn by older women (and men in some areas). Most people are not aware of the significance of the custom of wearing the pare kawakawa, nor do they know of the use of leaves to welcome visitors. In olden times, the kawakawa leaf was used as a sign of mourning. Nowadays, any leaf is used, including the willow. One old kaumātua has suggested that the leaves of the weeping willow tree are the proper leaves to use for pare kawakawa because the willow branches hang down to the earth, as though in mourning. (I don't agree with this view because the willow is not a native to this land.) Others have suggested that the pare kawakawa represents the crown of thorns placed on the head of Jesus Christ by the Jews.

The leaves that are held in the hand are saved from left to right in a continuous motion. This signifies the creation of a current or pathway for the spirit of the deceased as it makes its journey back to the gods. The expectation is that one is able to perceive the spirit on its journey as it approaches and passes through the veil at death to the world beyond.

The following explanation is an account of the origin of the name of the Ngāti Rēhia of Te Tī, Mangonui; It is said by our ancestors that our natural physical eyes are unable to see the spirit of a deceased person unless we wear a pare kawakawa or tauā. Only then can we see the spirits of family and relatives who have died. This belief is also indicated in the following farewell speech.

> Farewell beloved kin from this earthly state
> To the beckoning world that draws you to the underworld,
> Farewell to the caverns of the many departed to the pathway
> Down which Māui descended to Hades.
>
> Farewell to the realm of chiefs in the heavens above,
> To the pathway by which Tāne ascended to heaven
> Farewell the realm of Tāne below,
> To the heavens above from the earth below.
>
> Farewell departed ones you are lost from this world
> Farewell to the great heavens the wide open heavens
> And the star-studded heavens,

Ascend to the plaza of Rehua
And enter the realm of the fountain of tears.

There you will express your final sorrows
To us who have been left behind by your spirits;
Cast down your pare kawakawa and descend the vine of the Underworld
Which is named Rēhia by our ancestors.

Now the pare kawakawa which are cast down have no usefulness in the spirit world. Our earthly bodies and materials remain in this world, but our spirit bodies will inhabit the spirit world. This is symbolized also in the custom of mourners casting their pare kawakawa or chaplets at the foot of the coffin, indicating that the spirit is unable to take any physical remains into the world beyond. If a child dies, his or her mother makes a pare kawakawa for her head so that her eyes are shaded; she is now able to see the spirit of her child who has now entered the twilight realm.

When the physical body is consigned to the bosom of mother earth, all the pare kawakawa and leaves that were used at the funeral are buried with the body. Again this is an indication that the physical elements of this world must remain here.

At Spirits' Bay (North Cape), there is a spring called Te Waiora a Tāne or 'Living Waters of Tāne'. It has its outlet at Wainguru in the hillside below. This is the place where the spirits wash themselves before they dive into the sea at the rock called Rarohēnga and swim along the pathway of the ocean maid, Hinemoana, and rest at the pinnacles of the Three Kings. There they cast their eyes back to earth, to New Zealand, and around to where the spirits rest at Whakatauatia, Karere Waka, Haumu, and Murimotu.

The pare kawakawa is placed on the head because this is the most sacred part of the whole body. A person's thoughts, power, every influence is carried in their head. One elder has stated that the word tauā was an old word for witchcraft or spell casting:

A person is bewitched by the plucking of a leaf from the pare kawakawa which is then used as a medium for the curse he places on another.

A relative of mine, Mahu Wītehira, told me of the following incident:

When I was still very young my granny, Whautere, and I went to a funeral.

We were welcomed by Nika Anihana, who chided us for not wearing a pare kawakawa or tauā. My granny responded in this manner: 'I always have my tauā with me, it is my voice, therefore beware!'

A response like this may have led to an argument if both parties persisted in challenging each other. It is possible for all the thoughts and power of a person to be carried in the word, just as with the plucking of a leaf from the pare kawakawa. All the sacred power of a person is located in the head, hence the use of a leaf from the pare kawakawa to enforce one's ability to cast an effective spell. And so the term tauā is used among Ngāpuhi as an equivalent of the term pare kawakawa.

Pō

I te hanganga o te ao ka wehea te pō (pōuri) rāua ko te māramatanga. Ko tā te pō, ko Papatūānuku e kīia rā kei a ia te ira wahine. Ka tō te rā ki tua ka pō te rā; ka ara ake te rā, ka tū te awatea.

Ka mate he tangata, ka peke atu i te Reinga ki te pō ka whiti atu ki te ao wairua. Ko Hinenuitepō te ariki o te mate, o Rarohēnga—te wāhi e haere atu ai ngā wairua i muri iho i te matenga.

Ko ngā mahi o te pō, he kūaretanga, he mamae, he aituā, he aha, he aha. I te wā ka pā mai he mamaetanga, he taimahatanga, he mea whakarihariha hoki ka pōuri te ngākau o te tangata.

Pō (Night, Darkness)

At the time of the creation of the world, darkness and light were separated from chaos. Night begat Papatūānuku, the female element. The separation of night and day is evident when the sun sets beyond the horizon and night falls, and when the sun rises and heralds the light of day.

At death a person's spirit leaps from Reinga into a world of darkness and ventures from there into the spirit world. Hinenuitepō is the goddess of the underworld, the place where the spirit goes following death.

Darkness is the seed-bed of ignorance, pain, and misfortune. When one is afflicted with oppression and calamity it darkens the human heart.

Poroporoaki

Ko te poroporoaki he kōrero tohutohu ki ngā tāngata e haere atu ana. Engari, i nāianei tonu, ko te poroporoaki ko ngā tikanga me ngā kōrero katoa mō te tangata e haere atu ana, e noho ana rānei.

Ka mutu tētahi hui, ka hākari, ā, ka poroporoaki rātou ngā manuhiri ki te tangata whenua, te tangata whenua ki te manuhiri. Heoi, e whakamihi ana rātou ki a rātou mō ngā āhuatanga me ngā hua i puta mai i te hui, me ngā tūmanako ka tau tonu te rangimārie me te ātawhai ki runga i a rātou. Ko te tikanga i konei, mā te manuhiri e mihi tuatahi ki te tangata whenua, ki ngā kaiwhakahaere o te hui me ngā ringawera. Ko te take i pēnei ai, inā ka tū te tangata whenua i te tuatahi, kei mea ngā tāngata e peia ana te manuhiri. Kia mutu ngā mihi a te manuhiri ka āhei te tangata whenua ki te poroporoaki ki te manuhiri e haere atu ana. He pēnei te āhua o ā rātou mihi whakamutunga iho:

> Kia hora te marino, kia whakapapa pounamu te moana, kia tere te kārohirohi i mua tonu i ō koutou huarahi.

Nā, ko tētahi tikanga hōhonu rawa o te poroporoaki he mihi ki te hunga wairua. Ko te āhua o ēnei kōrero e whakaatu ana, e tohutohu ana i te āhuatanga o te huarahi, wāhi rānei e haere atu ana ngā wairua. Ka mate atu he tangata ka mihi tonu te tangata ki te tūpāpaku, anō e ora tonu ana. Ko tā te Māori e whakapono ana, ahakoa kua mate te tinana, ā, whakangaro atu ki te kōpū o te whenua, ko te wairua kei te ora tonu ka hīkoi haere i runga i tōna ritenga hou, ka piki i ngā rangi tūhāhā ka hoki ki te atua, te kaihanga o te tangata. He maha rā ngā karakia poroporoaki, he ātaahua hoki, e mau ana ki te hōhonutanga o te whakaaro Māori mō te ao kikokiko me te ao wairua. Koia ēnei ko ētahi o ngā poroporoaki ki te hunga mate:

> Haere i a whiti ahu raro, haere i a whiti ahu rangi, haere ki ngā kuru matarērehu; waiho ake te ao kia whitingia e te rā, haere ki te kāinga o ngā mātua tūpuna, ki te Ataitoea, haere ngā mate.

> Haere i te karanga a Rāhuiroa i rāhuitia ai te mate mō te tangata; haere i a mate wehewehe tangata i wehea ai koutou te hunga mate i te hunga ora kua mahue nei i a koutou; kua mahue nei i a koutou a whare tauā, kōkiri wairua ki te tihi o mauri aituā, haere ngā mate.

Haere ki a wai oti atu, haere ki te iwi ngaro e ngaro nei i te ao; haere ki a Hinepūkohurangi, haere ki te tānga manawa o te iwi e haere atu ana i tēnei ao ki roto i te pō uriuri, ki te pō tangotango, ki te pō nui, ki te pō roa, ki te pō makariri, ki te pō tē taea te whāwhā atu, haere ngā mate.

Haere i te ara o Tāwhirimātea, o Titimatanginui; ka tangi ngā pūtātara o Uruao, ko te wharara o te Rangi ki Pūorangi, ka tau ki Hororangi ki kāpunipuni o whakapaurangi, o whakaotirangi; he rākau ruruku ka whakataka noa a Parawhenuamea, he au heke te au, he rere te hau, koia e heke nei te tangata ki te pō, e rere nei te wairua ki te rangi.

Heoi, ko ēnei momo kōrero he kaipupuri i te mauri o te reo tapu e taea hoki te hinengaro tangata te uru atu ki te mataaho o ngā atua. Kāti hoki, ehara ēnei tū āhua mihi mō te tangata noa iho engari mō ngā tāngata e aro atu ana ō rātou manawa ki ngā tikanga a te Ahikōmau rāua ko Kurataininihi.

Poroporoaki (Farewell)

Poroporoaki are the farewell instructions given to people who are leaving or departing from a place. However, in its present usage, poroporoaki refers to all the speeches and discussion which take place between the people leaving and those remaining behind at a place during a farewell ceremony.

A hui or social function is usually completed with a banquet, after which the visitors and hosts farewell one another. They usually recapitulate on the events of the hui, discuss the benefits that arose out of the meeting, and express the hope that they will continue on their respective ways in peace and happiness. The correct thing to do is for the visitors to initiate the farewell to the hosts and to those responsible for providing meals. Should the hosts initiate the farewell, it may be thought that the visitors are being chased away. When the visitors complete their farewells, the host will do the same. The following is a very common kind of expression of goodwill to those who are departing:

May the calm be widespread, may the sea be as the smooth surface of the greenstone, and may the rays of sunshine forever dance along your pathway.

Poroporoaki are also extended to the spirits of those who have died. The function of this type of poroporoaki is to explain or indicate the nature of the journey and the place to which the spirits of the departed will finally go. When a person dies, the living speak directly to the deceased as if he or she were still alive. According to Māori belief, even though the physical remains of a person are lifeless and will be ultimately interred in the bosom of Mother Earth, the spirit body will continue to live and ascend to the heavens to be with the gods. There are many beautiful expressions of poroporoaki which contain within them the deep spiritual thoughts of the Māori concerning aspects of the natural world and the metaphysical world. These are some examples of poroporoaki to those who have passed on:

> Travel by the crossroads from the earth below to the heavens above, return unto the ancient ones; leave this world behind to bask in the light of the sun, go to the endless world of our ancestors, farewell beloved ones.

> Farewell to the beckoning of Rāhuiroa who has cordoned off death for man; farewell to death which separates the dead from the living, who are left behind; you have abandoned your houses of mourning and advance in your spirit state to the pinnacle of death; farewell departed ones.

> Farewell to the final consummation; farewell to the multitudes who have been lost to this world; farewell to Hinepūkohurangi; farewell to the eternal rest of the people who leave this earth to the darkness beyond, the intense darkness, the long darkness, the cold darkness to the unfathomable darkness; farewell beloved ones.

> Farewell by the pathways of Tāwhirimātea and Titimatanginui; the trumpets sound at Uruao, go to the abode of Rangi and Pūorangi, and rest at Hororangi to the gathering place of the heavens. Go by the pathway of Parawhenuamea, by the currents that draw you downwards, by the winds that take you to the night and lift and guide your spirit to heaven.

These expressions of farewell contain the sacred language which allows one to be in communication with the mind and will of the gods. Such expressions are not common property, but are used by those who understand and believe in the principles of the reality of the after-life and the existence and power of the gods.

Pōwhiri

Ko te pōwhiri he tikanga karanga, manaaki manuhiri hoki i runga i ngā marae. Ko tōna tikanga tūturu ko te whiri me te rau kawakawa a ngā wāhine, hei tohu i te ara mō ngā wairua e haere ake ana ki te pō. Ka whiuwhiu ngā ringaringa e mau ana ki te rau riki ki mauī, ki matau ka hanga i te ia me te āhuatanga hei huarahi mō ngā wairua e haere atu ana ki te ao wairua. Ki te mate atu he tangata ka mau te tangata ora i te pare kawakawa, arā, he tauā hei whakapōuri i ō rātou kanohi kia āhei rātou ki te kite i te wairua o te tangata kua hemo atu. Nā ka whiua ngā ringaringa hei hanga huarahi, hei tohu hoki i te ara ka tomo atu te wairua o te tangata ki te pō, ā, ka huri tuarā mai ki te ao tūroa, ka ngaro. Ko tētahi o ngā tikanga hoki, ki te haere mai he manuhiri kāhore he hui mate, ka pōwhiritia rātou, arā, ngā wairua me ngā maharatanga o te hunga mate e pīkautia ana e te manuhiri kia tūhonohono ki ngā mate o tēnā marae me ngā mate huhua puta noa i ngā marae tapu o te motu.

He maha rā ngā momo karanga a te wahine hei whakaoho ake i te hunga wairua. E pēnei ana ētahi:

> Hoki wairua mai e tama ki te takotoranga o ngā mātua tūpuna kua riro atu ki te pō. Haere mai rā, takahia te ara whānui e ahu atu ki te pō, ki te pō uriuri, ki te pō tangotango, ki te pō whakaū i te moe. Haere mai, haere mai, haere mai, aue, ī—ee.

> Haere mai te manuhiri tūārangi, nā taku pōtiki koe i tiki atu i te taha tū o te rangi, kukume mai rā, haere mai rā, haere mai, haere mai, aue ī—ee.

> Tōia mai, te waka; ki te urunga, te waka; ki te takotoranga i takoto ai te waka.

Nā, e pērā ana te āhua o ngā reo pōwhiri, reo karanga hoki ki ngā manuhiri eke mai ki runga i ngā marae.

Nō reira, kua whakawhānuitia ake te kaupapa o te mahi pōwhiri e meingatia ana ko ngā mahi katoa he whakatau i te manuhiri mai i ngā karanga, pōwhiri, whaikōrero, rūrū, ā tae noa ki te wā ka mutu te manuhiri i tā rātou kai tuatahi hei whakanoa i te tapu. He pēnei te āhua o ngā mahi i runga i ngā marae puta noa; nā tēnei āhuatanga he maina rā ngā tikanga e whakarite ana i ēnei āhuatanga.

Pōwhiri (Welcome Ceremony)

The pōwhiri is a custom associated with the welcoming and hosting of visitors onto the marae. Its traditional meaning relates to the waving of the kawakawa leaves by the women to indicate the pathway by which the spirits of the deceased leave this world and enter into the world beyond. The leaves are held in both hands and are gently waved from left to right. This motion creates a current symbolic of the pathway by which the spirits of the dead return to the spirit world. When a person dies the living relatives put on a pare kawakawa or wreath of green leaves (usually kawakawa or pūriri leaves) to shade their eyes so that it becomes possible (at least symbolically) for them to see the spirit of the deceased. Again the hands are gently waved from left to right to create the pathway by which the spirit departs this life as it turns its back on this world and disappears from sight.

One further aspect of the pōwhiri concerns occasions when visitors go to a marae for an event other than a death. The visitors are welcomed along with the spirits of those who have passed on, who are being brought there by the visitors. In this custom a union takes place between the dead of the visitors and the dead of the particular marae they are attending, and with all who have died on the many marae throughout the country.

Tangata whenua performing a pōwhiri at the Tokanganuianoho Marae, Te Kuiti. *Jeremy Salmond*

There are many types of karanga or calls given by women as part of the pōwhiri, the purpose of which is to arouse the spirits who live in another realm in the vicinity of the earth. Here are some examples:

> Welcome beloved child to the resting place of your ancestors who have gone into the night beyond; welcome and tread the pathway that diverges towards the night, to the dark night, the intense night, the consuming night; welcome, welcome, welcome.

> Welcome visitors from afar, it was my youngest child who led you here from beyond the horizon. Come, welcome, welcome, welcome.

> Paddle the canoe to the mooring place, paddle the canoe to the final resting-place.

This is the kind of expressive language used in welcoming visitors onto the marae.

Nowadays, however, the word pōwhiri is often used to mean every aspect of welcoming visitors beginning with the karanga, the formal speech-making, the greetings, and then the first meal after which the visitors may move freely amongst the host people, and be part of the occasion without any ritual restrictions. This is the general succession of events on all marae, but of course, there are other rituals and customs included in such an occasion.

Pure

Ko te tikanga o te pure he ritenga hei whakanoa i te tapu o tētahi tangata, mea rānei. Ko te wai tapu me te kai māoa ngā pure whakanoa i te tapu. He tikanga pure tūpāpaku, pure kōiwi, pure whare, pure purapura, te aha, te aha. Koia ēnei hei tauira: Ko te pure tūpāpaku, ko te wāhi i takoto he tūpāpaku i roto i te marae, whare rānei ka purengia ki te wai, parāoa rānei. Ka whakatapua e te tohunga he wai, ka ruirui ki te wāhi i takoto te tūpāpaku, ka hua hoki i ngā karakia tika.

Ko te pure whare, ka whakapā atu te parāoa ki ngā pātū me ngā taputapu o te whare, ka karakiangia hoki e te tohunga.

He tikanga pure purapura anō, hei pēhi i ngā kino o te whenua i te wā ka whakatōngia, hei whakanoa hoki i te tapu o te whenua, arā, i a Rongomatāne i te wā ka hauhakengia.

I mua atu i te wā tiri kai, whakatō kai, ka haere mai te tohunga me ētahi kete e rua, ā, ka kohikohia he purapura ki roto: he rīwai, he kūmara, he aha rānei. I te pō, ka huihui ngā tāngata ki roto i tētahi whare, ā, ka whakapā te katoa ki aua purapura. Ko te take o tēnei tikanga hei pēhi i ngā kino i runga i te whenua. Ka mutu, ka mauria i taua wā anō o te pō, ka whakatōngia. I muri o tēnei mahi, ka wātea te katoa ki te whakatō kai. Ka tae ki te wā e hauhakengia ai, ko aua purapura i whakatōngia i te pō, e hauhakengia wawetia ana, ā, ka kainga tuatahitia. Ka tunua te rīwai (aha rānei) i roto i te umu. I muri i tēnā ka puare te wā ki ngā tāngata ki te hauhake i āna ake māra kai.

Nō reira, he maha rā ngā mahi pure hei whakanoa i te tapu o ngā mea katoa, motuhake inā ka pā mai he mea kino ki te tangata.

Pure (Cleansing Ritual)

The pure rites are primarily cleansing or nullification rites for removing the tapu of people, places, and objects. There are two elements that are used in the purification rite: holy water and cooked food (especially kūmara or bread). There are pure rites associated with the dead, with the bones of ancestors, with the opening of houses, with seed-plants, and so on. For example, one particular custom is practised for the cleansing of contaminated places; that is, the place where a body lies in state on a marae or in a house is cleansed with water or bread. The tohunga or priest consecrates some water and sprinkles it over the area where the body lay and offers the appropriate prayers to the gods.

In the cleansing of a house, bread that has been consecrated is touched against the walls of the house both outside and inside, and also against the furnishings; and the ritual is accompanied by the appropriate prayers.

There is a traditional pure rite associated with the planting and harvesting of root crops, and the purpose of this custom is to nullify the tapu of the land and of Rongomatāne (the god of cultivated crops and peace) when the food is harvested.

Before the planting begins a tohunga brings two kits in which he has gathered seed potatoes, kūmara, or other seed for crops. During the evening the people gather together in a house and each one of them touches the seed potatoes as the tohunga utters an incantation. This is done to suppress any bad influences within the soil, and when this part of the ritual is over, the seed is immediately taken and planted in the ground. Everybody is now free to plant their seeds. When harvest time arrives, those seeds that were planted at night are the first to be harvested or dug up and they are cooked in a special hāngi and offered as propitiation to the gods and a nullification of the tapu of Rongomatāne, the god of cultivated crops. Only then are the people permitted to harvest the crops of the season.

There are many similar customs of pure or cleansing rites to remove tapu restriction and especially evil influences on a person or thing.

Rāhui

He momo tapu anō te rāhui, engari pā kau atu ki ngā whenua, moana, awa, ngahere, māra kai hoki. Inā ka rāhuitia tētahi wāhi e te ariki, rangatira rānei, he tikanga hei ārai i te wāhi kia kaua ngā tāngata horekau kē e tika ana kia hou ki reira ki te hopu manu, ki te hī, ki te aha atu. Mā te mana o te tangata, iwi, hapū, whānau e rāhui tētahi wāhi, ka mau tonu te tapu o te rāhui tae rā anō ki te wā ka hikitia. He maha rā ngā tikanga mō te rāhui:

1 Ka whakawāteatia tētahi wāhi, mea rānei mō tētahi mahinga, tikanga rānei. Pēnei, ka rāhuitia ētahi rākau tōtara mō ngā mahi whakairo, he pū harakeke mō te whatu korowai, kākahu rānei mō ngā rangatira.

2 Ka rāhuitia ngā tauranga ika, rākau miro mō ngā kūkupa, pū karaka, ana tuna mō ngā huihuinga motuhake a te iwi. I ngā rā o mua, inā ka tū he hui nui, ka haere tō mātou karani ki te hopu tuna. Ka hoki mai te kaumātua nei me ngā tuna nunui hei kai mō te hui. Ko ia anake te tangata tika e taea ai te hopu ngā tuna nei.

3 Ka rāhuitia tētahi wāhi kia tupu kaha ake ngā kai, kia hoki mai anō te mauri ki reira. Ka waiho noa te wāhi kia noho kau, kia tupu anō te oranga me te mōmonatanga o te whenua.

4 Inā ka aituāngia he tangata ki te moana, ki te ngahere rānei, ka rāhuitia taua wāhi me ōna rohe tata kia kaua he tangata e mahi kai ki reira, kia hikitia rā anōtia ake te tapu ā te wā kua whakaritea. Ka haere tētahi o ōku whanaunga nō Hokianga ki te hī, ka toromi ia i te moana, ka ngaro te tinana. Kātahi ka poua e ngā kaumātua he rāhui. Nō muri i te toru rā, ka kitea te tūpāpaku. Ka pau te rua wiki ā muri ake, ka hikitia ake te tapu, ā, ka wātea ngā tāngata ki te hī.

5 He tohu mō te rāhui i runga i ngā momo āhuatanga e whakaatu ana i ēnei mea. He wāhi pou whakairo, ka poua ki te whenua, hei tohu i te rāhui; he rākau, he toka, he maunga, he awa, he huarahi, he rau rākau, he whakairo, hei tohu mai i te rohe kua rāhuitia. Ka kōrerotia hoki te tikanga o te rāhui ki ngā tāngata kia mōhio rātou.

He tika hoki, i whakamomori ētahi ki te takahi i te tapu me te mana o te rāhui. Ka rapua e rātou kei hea te mana o te tangata i rāhui i te wāhi, inā ka waimarie te kitea, ka patua iho i runga ki ā rātou mahi mākutu, karakia rānei.

E mau tonu ana ngā tikanga rāhui i waenganui i te iwi, engari ko ngā ture o tauiwi e rāhui ana i ngā mea o te ao tawhito, pēnei: ko te ture e mea ana, kaua e pupuhi kūkupa, itiiti noa iho ngā kai moana ka riro mā te tangata, whānau rānei, kāhore he wā mō te mahi toheroa i nāianei. Heoi, kua riro katoa ngā kai māori i a tauiwi hei mahi moni mā rātou. Nā kua mate kai te iwi i ō rātou ake momo kai māori, nā ngā mahi raupatu a te Pākehā.

Pou rāhui on sacred burial grounds, Waitara. *Gil Hanly*

Rāhui (Protection, Restriction, Conservation)

Rāhui is a form of tapu restricting the use of land, sea, rivers, forests, gardens, and other food resources. If a place is under that ritual restriction, access to it is forbidden to unauthorized people; for example, if it is a fishing ground there can be no fishing there. A rāhui would be put on a place by the mana of a person, tribe, hapū, or family and would stay in place until it was lifted. There are a number of customs associated with rāhui.

1   A particular area may be set aside for a special purpose or function. For example, certain trees may be set aside for the purpose of carving, or flax bushes for the weaving of a cloak for a chief.

2   Access may be restricted to fishing grounds, pigeon reserves, wild berries, or eels to conserve them for special occasions of the tribe. At times in the past when there was an important hui in our village, one of our elders would go and catch eels for the hui, and he was the only one allowed to catch those eels.

3   A place may be left to lie fallow so that the life and vitality of the land can be restored. This custom ensures that the fertility of the earth is replenished so that it can provide a livelihood for the future.

4   If there is a fatal accident at sea or in the bush, a rāhui is immediately instituted in that locality, both out of respect for the dead, and to prevent the taking of food from the area for a specified period of time. Once a relative of mine went fishing in the Hokianga and was drowned at sea. His body was not immediately recovered and the elders of our district at once placed a rāhui on the harbour entrance. A few days later the body was found, but the rāhui remained in force for a few more days until well after his burial.

5   Often some sign or physical symbol is displayed to indicate that a rāhui is imposed. Sometimes a carved stick or post placed in the ground. Natural features—trees, rocks, mountains, rivers, pathways, leaves—can indicate the boundaries of the area under restriction. In addition, people are told that the rāhui is in force.

Of course in former times matters didn't always take a very smooth course, and people made many attempts to ignore restrictions. They would often look for the special talisman marking the rāhui and use counter-measures through incantation and magic to nullify its effect.

Even in modern times the custom of rāhui is still used, but more effective measures now exist in the form of laws instituted by our government and which relate to (and restrict) the use of traditional Māori food resources.

For example, one cannot legally shoot woodpigeons without being subject to the course of the law if caught, and there are now restrictions on how much food a person can take from the seashore. Worst of all, one can no longer gather any toheroa! While this may have been done by the Pākehā for reasons of conservation and economy, to the Māori, who desire very much to have their traditional foods, it seems like yet another denial of their customary rights.

Rangatahi

Ko te rangatahi, ko rātou ngā tamariki me ngā taitamariki e tupu ake ana i tērā whakatupuranga, i tērā whakatupuranga. Ko rātou anō ngā kaiārahi, ngā rangatira hoki o te iwi ā ngā rā ka heke iho. He tino rerekē te mahi whiwhi oranga o te tangata i ēnei rā. I te rā i nanahi, he mahi pāmu, he hī ika me ērā atu mahi ahuwhenua, ka whai oranga te tangata. I nāianei ko te rapu mātauranga te huarahi ki te ora. Ko te nuinga o ngā tamariki e tupu ake ana i ngā tāone, kāhore rātou e mōhio ana ki te reo o ngā mātua tūpuna, te whakapapa me ngā tikanga Māori. Kua āwangawanga rātou me pēhea rātou e whiwhi oranga mō rātou. Kia ahatia me aro atu ō tātou whakaaro ki ngā kōrero tohutohu a Tā Apirana Ngata:

E tipu e rea i ngā rā o tōu ao,
Tōu ringaringa ki te rākau a te Pākehā
Hei oranga mō tō tinana;
Tōu ngākau ki ngā taonga a ō tūpuna
Hei tikitiki mō tō māhunga;
Tōu wairua ki te atua
Nāna nei ngā mea katoa i hanga.

Kua oti i te āhuatanga o ēnei kōrero te whakaatu mai te kaupapa mō te rangatahi. E toru kē ngā aho o te ora kei roto i ēnei kupu.

Tuatahi, kua meatia e ia kia whai atu i te mātauranga me ngā momo wānanga o te Pākehā kia whai mahi te tangata. Inā rā ka whai mahi, kāhore pea he raruraru ka pā mai ki a rātou. Mā te mahi ka tū tangata ai, ka kore hoki e taka ki roto i ngā mahi hē. Kāti, me whai atu i te mātauranga i runga i te hiahia kia whakaritea te tangata hei tohunga tākuta, kaimahi pāmu, rōia, tohunga mīhini, kaiwhakaako, tohunga rorohiko me ērā atu momo mahi. Nō reira, ahakoa te aha, whāia te mātauranga, mā reira ka puta mai he hua ātaahua.

Tuarua, e mea ana hoki te kōrero: kaua rā e wareware ki ngā taonga a ngā tūpuna. Ko ngā taonga e kōrerotia ake nei ko te reo tūpuna me ōna tikanga. Akongia ngā whakapapa, ngā karakia, ngā tauparapara, ngā waiata, ngā mahi whakairo, te raranga, te whatu kākahu, te whakatō kai, te tunu kai rānei. Mā roto i ēnei mahi ka mōhio ai ki te mana, ki te ihi, ki te tapu o ngā tūpuna. Kia mōhio anō i ahu mai te tangata i hea, he aha te take o te tangata ki tēnei ao, ka ahu atu anō te tangata ki hea, ā mate noa. Nā ēnei tikanga e kore te tangata e mataku, e whakamā ki te mea atu ki a wai rānei, ko wai ia. Koia ēnei ngā taonga tuku iho a ngā mātua, tūpuna.

Tuatoru, kia wehi ki te Atua, Matua i te Rangi. E mea ana, he iwi whakapono, he iwi karakia, he iwi tapu te Māori. Nō reira, ahakoa ko tēhea te hāhi e whakaponohia nei e te tangata, kia mau pono ki ōna ture whakahau. Nā tēnei ka tapu te tangata ki te Atua Matua. Ko te hanga nei kua aru haere te Māori i te atua karaitiana. Nō reira, ko taua atua anō i rapua e ngā tūpuna. Ka whakapono rātou ko Ihu Karaiti te ingoa anake i te rangi, i te whenua, i raro hoki i te moana ka whiwhi te tangata ki te oranga mutunga kore, arā, te tangata e mau pono ki āna ture tapu.

Kāhore rawa he kōrero i tua atu i ēnei, arā, tērā i whakataukītia e Tā Apirana i runga ake. Engari, he pērā anō hoki te āhua o ngā kōrero a ngā tūpuna i tēnā iwi, i tēnā iwi. Kāti rā, he kōrero anō tēnei ki ngā mātua o te rangatahi: kia kaha mai, āwhinatia, ātawhaitia rātou kia kakama rātou, ngā tamariki ki te ketuketu i te māra o te mātauranga, ki te rapu oranga hoki mō rātou me ngā whakatupuranga ka tupu ake. Ki te hē rātou, nō tātou hoki taua hē, ki te tika rātou he hari nui ki te katoa. Kia mahara tonu, mā runga i te puku mahi me te aroha ka taea e rātou te whakapūāwai ngā wawata. E pēnei ana te kōrero o neherā: 'Ka pū te rūhā, ka hao te rangatahi.'

Rangatahi entertaining at Turangawaewae, Coronation Hui, 1971. *Jeremy Salmond*

Rangatahi (The Young Generation)

The rangatahi are the children and youth of each generation. They are
the future leaders of the people. The means of seeking a livelihood are
very different today from those of our ancestors. In the recent past,
farming, fishing, and other types of agriculture provided the chief
means of survival. Nowadays, however, education is seen as the path to
employment and success. Many Māori children have grown up in towns
and cities and know very little about the language, history, and customs
of their people. They are anxious and concerned about how they can
make a living in the modern and largely urban world. Sir Apirana
Ngata's advice to a young girl in school is still relevant to today's young:

> Grow up o tender one in the days of your world,
> Put your hand to the skills of the Pākehā
> That you might find sustenance for your body;
> Extend your heart to the treasures of your ancestors
> As an adornment for your head;
> Commit your spirit to God
> Who is the Creator of all things.

This counsel offers perfect encouragement to the young generation to
avail themselves of the opportunities around them. There are three
major themes to the saying:

Firstly, Sir Apirana advises the child to seek earnestly the learning and
the skills of the Pākehā in order to prepare for a rewarding occupation.
When a person has work he or she is less likely to get into trouble. Work
is a person's crowning glory and a protection against the temptations of
the idle life. One should set goals and choose one's future: a doctor,
farmer, lawyer, mechanic, teacher, computer expert, or any type of
profession or trade. The main thing is to seek excellence in education
and it will bear fruit.

Secondly, the saying reminds us that even though we live in a
changing world, we should always remember our heritage. The treasures
that Sir Apirana speaks of are the language and customs of the Māori
people. One should take the opportunity to study one's genealogy,
prayers, songs, and the arts and crafts, including carving, weaving, and
the growing, planting, and preparation of food. By understanding some
of their cultural heritage, people are better able to understand where

they have come from, why they are here, and what lies ahead after this life. Through this kind of understanding, they can demonstrate pride of race and culture and be able to stand tall amongst all peoples of the world.

Thirdly, Sir Apirana advises respect for God. It has often been stated that the Māori are people of great faith, that they are a spiritual people. No matter what church one may be affiliated to, the important thing is to believe in that faith and to comply with its teachings. By a process of faith and dedication, one becomes a true follower of God. The Māori were quick to adopt Christianity. In many respects their traditional understanding of God was similar to the Christian one. They were devout followers of the spiritual and the divine and had developed a very advanced cosmology. Many Māori now believe in Jesus Christ as the only name in Heaven, or on Earth, or beneath the sea, and from whom comes eternal happiness to the person who believes in Him and lives His teachings.

There is really little to add to Ngata's proverb. But there have been many other wise leaders in other tribes who gave similar advice and encouragement to their young. Here is a little extra guidance for the parents of children.

Parents should provide every help and support to their children. Children need to be continually encouraged, motivated, and excited about the prospect of learning and developing appropriate skills so that they can provide for themselves and assist future generations. If the children fail, we as parents fail; but if they succeed, then there is much pride and rejoicing. Remember, also, that nothing can be achieved except through hard work, gentle persuasion, and lots of love. By this means the fruits and rewards will be great, and well deserved. As the ancient saying records: 'The old net is cast out and the new net goes fishing.'

Reinga

Koia tēnei te wāhi peke ai ngā wairua ki roto ki te pōuri, ka ahu atu ki te ao tū tonu. Kei Muriwhenua, kei te pito mutunga o te Hiku o te Ika, te Reinga o te Māori. Ki a rātou, ka mate atu he tangata ka hīkoi taua wairua ki runga i ngā hiwi ka tae ki te Reinga, ka rukuhia e rātou te ara o Hinemoana ka hoki ki Tawhitinui, ki Tawhitiroa, ki Tawhiti pāmamao, ki te Hono i wairua. Ko te Hono i wairua, koia tērā te wāhi noho ai te wairua i mua atu i tana putanga mai ki tēnei ao, ā, mate noa atu, ka hoki anō ki taua wāhi.

Reinga (Place of Leaping)

Te Reinga is the place where the spirits of those who die leap into the underworld and make their way to the spirit world. At Muriwhenua, in the far North, is the Reinga of the Māori. According to tradition, when a person dies, the spirit journeys over the hills and mountains until it arrives at Te Reinga. Once there, it dives into the sea and follows the pathway of the ocean maid, Hinemoana, to various distant homelands until it finally comes to rest in the spirit world. The spirit world is the place where the spirits of humans resided before coming to this life and is known as Hawaiki.

Reo Māori

Ko te reo te waka hei kawe i ngā whakaaro, tikanga, hiahia, tūmanako
nawe, hītori, karakia, wawata, mātauranga, me ērā atu mea o te tangata.
E kī nei tētahi, kāhore he mana o te iwi, mena ka ngaro te reo.

No reira, ko te reo Māori he reo tapu i homai e ngā atua ki ngā
tūpuna, mā taua reo anō ka whakaatungia te hinengaro me te mana atua
ki a rātou. He ihi tō te reo, he mana tō te reo, he tapu tō te reo. He
wairua tō te reo, he mauri anō tō te reo. Mā te wairua ka rangona te reo,
mā te mauri ka mana ai te reo. I kī mai ngā tūpuna, ko te reo rauriki te
reo tapu o Ranginui rātou ko ngā atua; ko te reo reiuru e kōrerotia ake
nei ko te reo tapu o Papatūānuku. Nā, ko te reo rauriki te reo hei kawe i
te manawa tapu o ngā karakia, ā, ka whakauru atu ki roto i te tangata,
kia pērā anō te mana o tana kupu i tō ngā atua kia rite anō ki tā rātou i
whakahau mai ai i te rangi. Ko te reo reiuru, ko tōna kōrero ko te reo e
taea ai e te tangata te kōrero, te mātau rānei ki ngā momo reo kē o
Papatūānuku, arā, te reo o ngā manu, o ngā ika, o ngā kararehe, o ngā
rākau, o ngā uri katoa o Papatūānuku. Koia anō te reo wāhine hei
whakaoho ake i te hunga wairua i runga anō i te tangi karanga ka
whakapāoho ki runga i ngā marae. E kore e taea e te tangata te mau ki
ēnei reo, mena kāhore noa e tapu pono ki ngā atua, ko te mea nui ko te
reo tapu me ngā karakia tapu.

Mā te reo ka manaakitia te tangata, ko taua reo anō ka kanga i te
tangata; mā te reo ka piki te tangata ki ngā taumata whakahirahira, ko
taua reo anō ka heke te tangata ki te pito kukume tonu o Whirotetupua.
No reira, ko te reo tapu he tohu mana nō te tangata, he mana tūturu nō
te atua, e kore e whakapōreareatia e te tangata kē.

Kāti rā, ko te reo Māori he momo reo nō te reo whānau o ngā iwi o
Poronīhia ki te Rāwhiti. E ōrite ana te reo Māori ki te reo o Tahiti, o
Rarotonga, o Hawaii, o Rapanui me ētahi atu moutere o te Moana-nui-a-
Kiwa ahakoa he nui noa atu i te kotahi mano tau i wehe mai ai i ērā o
ōna reo whanaunga. I te haerenga o Kāpene Kuki ki Aotearoa i te tau
1769, i mauria mai e ia he kaiwhakamāori nō Tahiti, ko Tūpaea tōna
ingoa. I taua wā, ka kōrero tahi ia ki ngā Māori, hore rawa he raruraru. I
mārama rātou ki a rātou.

No muri mai, i te tau tekau mā waru rau, ka tīmata ngā Pākehā ki te
noho tahi me ngā Māori. I te tau 1815, ka pānuitia e Tāmati Kānara te

pukaka *He Korao o Niu Tīreni*, koia te pukapuka tuatahi o tēnei whenua. Ā muri ake, ka tāia e Koroneho, e Wiremu he pukapuka i roto i te reo Māori. Ko te Paipera Tapu tētahi o ngā pukapuka i tāia ake i ērā wā. Ka kaha hoki te Māori ki te tuhi kōrero i roto i tō rātou ake reo. I ērā wā, ka tino pai atu rātou i te Pākehā ki te tuhituhi kōrero. Nō reira, ko tētahi wāhi o ngā mahi a tauiwi ka pōuri ai te ngākau Māori, kīhai rātou i hāpai ake i ngā mahi whakaako i te reo i ngā kura i whakatūria mō te Māori, ko tō rātou take kia akongia ki te reo Ingirihi anake. Koia nei te raruraru nui ka patu haere i te reo Māori. Ka pērā tonu te mahi, ā, tae noa mai ki nāianei.

He maha rā ngā pukapuka kua tuhia e ngā tohunga reo mō te whakamārama i te tātai o te reo, engari ko te nuinga he reo Pākehā te reo kōrero i ēnei pukapuka. E tirotiro ana ngā tohunga reo ki ngā tū āhuatanga o te reo, arā, te tātai ororeo, te tātai kupu, te tātai tikanga kōrero, te tātai kīanga, rerenga rānei, me te whakapapa o te reo. Mā ēnei mahi ka mōhio te tangata ki te whanaungatanga o te reo, me ōna ritetanga, me ōna rerekētanga i ētahi atu reo.

Kia mōhio mai tātou, ki te kore e kōrero i te reo i roto i ngā tū āhua mahi katoa a te iwi, ia rā, ia rā, ka hohoro te ngaro, ka mate hoki te reo. Ko te mea tika me kōrero tonu te reo i ngā wā katoa, i roto i ngā karakia, i ngā wāhi mahi, i ngā toa hokohoko, i ngā wheketere, i ngā wāhi tākaro, i ngā kura; nō reira mā ēnei whakaritenga ka tupu kaha te reo — kia kaua e ngaro. Nā reira, itiiti noa iho ngā wāhi kōrero i te reo Māori; ki ngā marae, me ētahi kura, hāhi, me ngā kōhanga reo. E whawhai tonu ana te Māori kia whai wāhi hoki te reo i te pouaka whakaata me te reo irirangi, engari he mahi uaua kia riro mai he wā mō rātou. Ahakoa, e kaha ana te Māori ki te whakamana i te reo hei reo tūturu mō ngā tāngata o tō tātou motu. E kore pea e taea kia noho ia hei reo mō ētahi tikanga motuhake i roto i te iwi, pēnei i te reo mihi i runga i ngā marae, hei reo kōrero hoki mō ētahi o ngā whānau.

Ko te tūmanako kia hāpaitia tonutia te reo kia kore e ngaro, engari kia pūāwai i runga i ngā tikanga o te Tiriti o Waitangi, kia whakapuare huarahi kia noho pūmau tonu te reo hei taonga whakahirahira mō āke tonu atu.

Reo Māori (Māori Language)

Language is the vehicle by which thoughts, customs, desires, hopes, frustrations, history, mythology, prayers, dreams and knowledge are communicated from one person to another. It has been said that a people without their own language have no power or unique identity.

According to the Māori, their language is sacred because it was given to their ancestors by the gods and it is by language that the Māori are able to know the will and mind and power of the gods. Language has a life-force, a power, and a living vitality. Language has a spirit and also a mauri (that gives it its unique structure and function). The ancestors believed that the reo rauriki was the sacred language of Ranginui (Sky Father) and the gods; and reo reiuru was the sacred language of Papatūānuku (Mother Earth). The sacred language of rauriki imbued prayers with divine essence, so that whoever used the prayers could establish within themselves the power of the word which carried the message of the gods who gave instructions from realms beyond. The language of reiuru gave mankind the power to communicate with the various species of birds, fish, animals, and trees, all the offspring of Papatūānuku. It is also the sacred language of women which enables them to communicate, for example, with the spirit world when they perform the karanga on the marae. Such abilities cannot be found in someone who is not committed to the gods, because they have to be able to recognize the sacred language of the ritual prayers or incantations.

Through language mankind can be either blessed or cursed. By the proper use of language we can be elevated to higher planes; by its improper use we can be relegated to the depths of darkness and despair. The use of sacred language is a mark of a person's power and authority and should not be abused.

The Māori language is a member of the family of languages belonging to Eastern Polynesia. Māori may be understood to a greater or lesser extent by speakers of Rarotongan, Tahitian, and Hawaiian, even though it has been separated from them for more than a thousand years. When Captain Cook arrived in Aotearoa in 1769, he brought with him a Tahitian interpreter who was known as Tūpaea. He spoke with the local Māori and they were able to communicate without any difficulty.

Early last century, the Pākehā began to settle amongst the Māori. In the 1815, Thomas Kendall wrote the first book ever printed on New Zealand, called *He Korao o Niu Tireni*. It was a small book about aspects of the grammar, phonology, and vocabulary of the Māori language.

Following this first publication, William Colenso and Henry Williams published several tracts in Māori, and at this time parts of the Holy Bible were translated and published in Māori. Many Māori became skilled at writing their own language, having attended missionary schools. It is reported that at one stage there were more literate Māori than Pākehā. However, one very negative aspect of Pākehā colonization was the suppression of the Māori language. Not only was it not taught in schools but it was also prohibited from being spoken there. This is one of the major causes of the decline of the Māori language.

There have been many books written by linguists and grammarians explaining the structure and grammar of the language. Most of them have been written in English. Linguists have concentrated on research into various aspects of the language: the phonology, morphology, semantics, phrase and sentence structure, and histroical developments. Through an understanding of those aspects of language one can gain an appreciation of the similarities and differences between Māori and other languages.

It is important to know that if the language is not spoken on a regular basis in a wide variety of social and educational situations, it will die as a living language. To survive, a language must be spoken all the time—in church, in the work-place, in trade and commerce, in factories, and in the playgrounds at schools—then the language will flourish. Unfortunately, there are only a few places where Māori is spoken: principally on the marae during special ceremonial occasions and in some schools and churches. Māori are waging a constant battle to have greater exposure for the language on television and on the radio but, as always, the response from those who control the media has been most discouraging. Even though the language has been given the status of an official language of this country there is little support or encouragement to promote it, and it is likely that it will be relegated to the status of a language used only for ceremonial occasions on the marae.

Māori people, however, still hope that the language will continue to gain support through official channels and through efforts to implement the clauses of the Treaty of Waitangi. Only if the language is spoken can it remain as a living treasure of this country.

Rūnanga

Ko te rūnanga he rōpū whakahaere i ngā tikanga me ngā mahinga e pā ana ki te iwi whānui. Ko te whare rūnanga te wāhi huihui o te iwi. He rerekē te rūnanga i te wānanga. Ko ngā tāngata e noho ana i te rūnanga ka whiriwhiria e te iwi, ka āhei hoki te katoa ki te whakarongo ki ngā kōrero me te uru atu ki ngā mahi o te rūnanga. Engari ko te wānanga mātua tuatahi me tohi te tangata, kātahi ka whakauru atu ki roto. Kāhore rawa te kura wānanga e puare ana mō te katoa, kāhore anō e tuku noa i te kōrero kia rangona e te ao. Nō reira, i ēnei rā kua huri te kupu wānanga hei rūnanga, te rūnanga hei wānanga—nā te kūare kē.

Ka whakatūria ngā tāngata mōhio ki ngā take ā-iwi me ngā āhuatanga o te ao whānui, ka noho rātou ki runga i te pōari rūnanga. Ko te mahi a te nuinga o ngā rūnanga e whakarite ana i ngā mahi e pā ana ki ngā kaupapa ā-iwi, arā, ki ngā kura mātauranga, ki ngā hāhi, ki ngā momo mahi katoa. He ingoa hoki mō te rūnanga, he kaunihera, he komiti, he pōari.

Ko tētahi o ngā rūnanga Māori, ko te Rūnanga Whakawhanaunga i ngā Hāhi, koia te rōpū mō ngā hāhi. Ko ngā tāngata e noho ana ki runga nō te nuinga o ngā hāhi, arā, o te Wēteriana, o te Perehepiteriana, o te Mihinare, o te Katorika me ētahi atu. Ko tā rātou, he titiro me pēhea e āwhinatia ai ngā take e pā ana ki te iwi katoa i runga anō i ngā ture o te Tiriti o Waitangi.

Ko te Kaunihera Māori Matua anō he rūnanga hoki i whakatūria hei māngai mō ngā rohe iwi katoa, hei kaikawe i ō rātou take ki te kāwanatanga. Kua whakatūria hoki ngā kaunihera ā-rohe, pēnei i te Kaunihera Māori o Ākarana. Ka tukuna ā rātou tono ki te Kaunihera Matua, ā, mā rātou e kōkiri ngā take ki te kāwanatanga, me te whakahoki anō i ngā utu ki ngā rohe, ki ngā iwi.

Nō te whakakorehanga o te Tari Māori i te tau 1989, ka tū te Tira Ahu Iwi hei rōpū tirotiro i ngā take ā-iwi. Kua whakatūria hoki ngā Rūnanga ā-Iwi, pēnei i Te Rūnanga o Ngāti Whātua, Te Rūnanga ā-Iwi o Ngāpuhi me ētahi atu puta noa i te motu.

Nō reira, ko te take nui mō ngā rūnanga ko te āwhina i ngā iwi, ahakoa he aha te kaupapa.

Rūnanga (Board, Committee, Council)

A rūnanga is a body of people appointed for the purpose of administering the affairs of the tribe as a whole. Rūnanga meet in the whare rūnanga or public meeting-house, or on the marae. There is an important difference between a rūnanga and a traditional wānanga. The people who sit on a rūnanga have been elected by the people; a rūnanga could consist of all adults in the tribe. The public usually has access to the meetings and other proceedings. On the other hand, a person who enters a wānanga must be ritually prepared. There is no public access to these proceedings and they are not available for public knowledge or comment. However, these days, the terms are frequently confused and misunderstood.

Those who are apponted to a rūnanga generally have expertise in business and administration and a good understanding of the needs of the people they represent. Most of the business transacted by a rūnanga relates to tribal affairs such as education, religious matters, and other administrative and civic programmes. The rūnanga is also known by the terms council, committee, and board.

The Hon. Matiu Rata speaking at a conference, 1989. *Gil Hanly*

An example of a modern rūnanga is the Maori Council of Churches, which looks at religous matters on national and international levels. The council is composed of representatives from the Methodist, Presbyterian, Anglican, and Catholic churches and from other denominations. Its primary function is to consider and recommend policies for Māori perspectives in religious devotion under the terms of the Treaty of Waitangi.

The New Zealand Maori Council has been in existence for a number of years and its function is to act on behalf of tribal groups in negotiating with government on issues of national and tribal importance. They in turn report back to the District Councils, who in turn report to the local branches of the organization, where appropriate action can be taken.

Since the devolution of the Department of Maori Affairs in 1989, an Iwi Transition Agency has been set up to act as an interim body to assist in the establishment of Tribal Authorities, who will eventually manage tribal affairs. Examples of tribal rūnanga include the Rūnanga o Ngāti Whātua and the Rūnanga ā-Iwi o Ngāpuhi.

These tribal councils will have the responsibility of conducting their own affairs for the benefit of the tribe.

Takahi Whare

Ko tēnei tikanga e pērā ana i te manaaki whare, engari ko tōna tikanga ka whakaritea i muri i te nehutanga o tētahi tangata kua mate. Ka oti te tanu o te tūpāpaku, ka haere ngā minita, te whānau pani me ētahi o ngā whanaunga ki te kāinga i noho ai te tangata i mua atu i tana matenga. Ka mine rātou ki waho o te whare, nā, ka tīmata ngā minita i te karakia, i te poroporoaki, ā, ka hou rātou ki roto i te whare. Ka karakia haere rātou ki roto i ngā rūma katoa o te whare, ka takahi i te whare kia peia ngā rēwera, mana kino hoki. Nō reira ka oti ngā mahi i roto i te rūma nui o te whare. I reira, ka karakia ngā tāngata i runga i te āhua o ngā karakia Karaitiana. I ētahi wā, ka haka ngā tāngata kia tino takatakahi i ngā kikinotanga ki raro. Nō konei te tikanga takahi whare. Heoi anō, ko te mea nui kia whakatikaina te whare kia kaua tētahi wairua kino e poke i te whānau, e noho rānei ki roto i taua whare.

Ko ngā kākahu o te tangata kua mate me horoi kia mā, ka karakiatia, ā, ka hoatu ki te whānau. Ko te mea nui kaua e waiho ōna tapu māheuheu kia takoto kau noa ki roto i te whare.

Takahi Whare (Exorcising a House)

This custom is very similar to that of blessing a house, but it is a ritual carried out following the burial of a person. When the funeral is over the officiating minister, the bereaved family, relatives, and friends return to the home of the deceased person to bless it. They gather outside and the minister will commence his prayers and incantations before proceeding into the house with the group. The people enter every room of the house to offer prayers, and finish with a service in the family room. Sometimes members of the group will perform a haka in order to trample out any evil spirits that may be present in the house. Hence the literal meaning of takahi whare, 'to trample through a house'. One could describe this ritual as an exorcism of the house, for the family is assured that after it there will be no visitations of evil spirits while they live in the house. It is usual also to partake of a hākari or feast on these occasions.

The clothing and other personal belongings of the deceased are usually washed by the family and given away or disposed of. The main reason for this is to preserve the dignity of the dead by not exposing personal items to the view of others. It is also part of the takahi whare ritual.

Tangihanga

Koia nei tētahi o ngā momo hui e mau tonu ana i roto i te ao Māori. He maha rā ngā tikanga me ngā kaupapa e pā ana ki te whakaaro Māori e kitea ana, e whakaritea ana i roto i ēnei hui. Ka reia mai, ka whakaatu mai i ngā tini āhuatanga o te rangi, o te whenua. Ka puta hoki i ngā tangihanga ētahi kōrero hōhonu me ngā tū tikanga whakahirahira. Ka nui te maha o ngā kōrero kua pānuitia ake mō ngā tikanga o te tangihanga, e rerekē ana ētahi o ngā tikanga o tēnā rohe, o tēnā rohe. Kua oti hoki i a au te whakamārama ētahi o ngā tikanga mō te whaikōrero, mō te karanga, te aha, te aha, i roto i tēnei pukapuka. Kua whakaaro ahau me tuhi ake ngā tikanga o tōku kāinga i Whirinaki, kia mōhio mai, he aha te whakaritetanga o te tangihanga i waenganui i tōku hapū o Te Hikutū.

E toru ō mātou marae: ko Mātai Aranui tētahi, ko Mōria tētahi, ko Pā Te Aroha tētahi. Ahakoa nō te iwi katoa ēnei marae ko ētahi tikanga he rerekē i tēnā, i tēnā. Engari, ko te nuinga o ngā tikanga e ōrite tonu ana te kawa i ngā marae e toru.

Ka hinga he tangata, ka haere te hunga kāinga ki te whakatika i te marae. Ko te marae ka takoto te tūpāpaku koia tērā e tino pātata ana ki te tangata i mate. E rua ngā wāhi hei whakatika: ko te wharekai, ko te wharenui. Ka haere ngā tāne ki te tiki wahie, ki te patu kau, poaka, hipi rānei, ki te tunu kai hoki mā ngā manuhiri ka taetae mai ki te tangi. Ko ngā wāhine, ko tā rātou mahi he whakapaipai i te wharenui, arā, te whakatika i ngā moenga me te whakairi i ngā whakaahua o te hunga kua riro i runga ake o te atamira i muri o te wharenui. Ka mea anō he rau tauā ki runga i ngā whakaahua.

Ā, ka tae mai te tūpāpaku, ka tū te waka i te waha o te marae, ka whakatika hoki te hunga kāinga ki te karanga i te tira mate. Ka rere atu te reo karanga o te pouwahine, ka tīmata te ope ki te whakaeke i te marae ātea, haere tika ki roto i te whare. I a rātou e haere atu ana ka whakahokia te reo karanga ki te tangi me te poroporoaki. Ka tae te tūpāpaku ki roto i te whare ka whakatakotohia (ko ngā waewae e anga atu ki te kūaha) ki runga i te atamira, ka tangohia te taupoki, ā, ka tangihia, ka mihingia, ka hongi haere ngā tāngata.

Ka mutu atu i konei ka tīmata te tangata whenua ki te mihi i te manuhiri; kia mutu rā anō te taha ki a rātou kātahi anō ka huri atu ki te manuhiri hei whakautu mai i ngā mihi. Nā, ka noho te whānau, ka tatari kia tae mai he manuhiri anō. I runga i ngā tikanga o te kāinga, kāhore te manuhiri e whakatāria ana ki waho. Ki te rongo mai te tangata whenua he manuhiri kei waho ka tukuna rātou kia hou tika mai ki roto i te wharemate, ahakoa he manuhiri kei roto i te whare horekau noa kia mutu ā rātou mihimihi. E mea ana tōku whanaunga, a Herewini Muru, 'Kāhore mātou o te Tai Tokerau e takahi ana i te mana o te tangata, arā, te whakanoho i a rātou ki waho o te marae, pērā i ngā hōiho e here ana ki te taiepa.' Ka tomo mai te manuhiri ki roto i te wharemate, ka poroporoaki haere, ka tangi haere tae noa ki te taha o te tūpāpaku. Ko te tikanga i konei me hongi mārika ki te tūpāpaku hei tohu he oranga kei tua atu i te mate. Kātahi ka wātea rātou ki te hongi haere ki ngā tāngata i roto i te whare, tīmata atu i te tūpoupou me te whānau pani i te taha o te kāwhena, ā, huri rauna i te whare, ā, ka mutu atu i te tara whāiti o te whare. I konei ka noho ngā tāngata, ko ngā kaikōrero o te manuhiri kei runga i te taumata kua whakatikaina mō rātou, ā, ka haere ngā mihi. Ka mutu ngā mihi me te harirū, ka karangatia te manuhiri kia haere atu ki te kai.

I te nuinga o ngā wā, ka takoto te tūpāpaku mō te toru pō, ā, ka whakangaro atu ki roto i te wāhi tapu. Engari, ka tae ki te pō mutunga, i te wā kāhore he manuhiri e whakaeke mai ana, ka tū ngā kaumātua ki te whakawātea i ngā wāhine kia tū rātou i roto i te whare ki te mihimihi, ki te poroporoaki ki te tangata kua mate. Ka nui te ātaahua o tēnei tū tikanga, e pai ana hoki ki te whakarongo i te reo mihi o ngā kuia me ngā wāhine o te kāinga. Ka nui hoki te hōhonu o ngā kōrero a ētahi.

I ngā pō me ngā ata ka whakaritengia he whakamoemiti. Nā, ko te ture o tō mātou kāinga, ka whai wāhi ngā hāhi katoa i roto i ēnei whakamoemiti. Engari, ka tae ki te rā o te tanumanga ka whakahaerengia te karakia nui mō te rā e tētahi o ngā minita o te hāhi o te tangata kua mate. Ka mutu te mahi nehu i te tūpāpaku, ka puta mai ngā tāngata i te urupā, ā, ka haere tika rātou ki te horoi i ō rātou ringaringa i te awa. Ka hoki anō ngā tāngata ki te marae ka mihimihi rātou ki a rātou, ā, ka whakaoti i ngā mahi i runga i te karakia. I muri iho, ka haere te katoa ki te hākari, ā, ka hokihoki ki ō rātou kāinga.

Nā te mea e toru ngā marae kei tō mātou rohe, i ētahi wā, ka mauria te tūpāpaku ki ngā marae katoa kia takoto ki reira, ahakoa mō te wā poto. Ko te take i pērā ai, ko te nuinga o ngā tāngata e noho ana i tō mātou papakāinga he whanaunga katoa, i heke mai i te kōpū kotahi.

Kotahi anō te mahi e toe ana, ko te haere ki te takahi i te whare i noho ai te tangata i mua atu i tana matenga. Ko te whānau pani, ko ngā minita me ētahi o ngā whanaunga ka haere ki te whakarite i tēnei mahi, arā, ko te karakia i te whare. Ko tēnei tū tikanga ko te takahi whare.

Nā, kua mutu aku kōrero whakamārama mō te tangihanga i runga i ngā tikanga o tō mātou takiwā.

Tangihanga (Funeral Ceremony)

The tangihanga or funeral ceremony is one of the few surviving institutions in Māori culture. There are many customs and traditions associated with the tangihanga, and many important concepts concerning both the physical and metaphysical world are revealed here. Also, many of the profound philosophies and ideas concerning Māori cultural values and practices are talked about and performed on these occasions. Many articles and books have been published about the institution of the tangihanga. I discuss many of the customs associated with the tangihanga under other headings in this book (for example, *whaikōrero*, *karanga*, and so on). There are some major differences between the traditions of one area and those of another. I have decided that I would approach this topic by describing how a tangihanga is conducted in my home village of Whirinaki.

There are three marae in our village, Mātai Aranui, Mōria, and Pā Te Aroha. Although these marae belong to the people as a whole and the general customs are the same, there are some subtle differences in the kawa or protocol of one marae and that of another.

When a person dies the home folk immediately go to prepare the marae for the tangihanga. The marae at which the body will lie in state for most of the time is the one that has the closest family connections to the deceased person. There are two important things to take care of before the body arrives: the preparation of food, and the arrangement of the wharenui or meeting-house. The men usually cut firewood and butcher a cow, pig, or sheep for the hui. The women are responsible for setting up the meeting-house by laying out mattresses and hanging photographs of the deceased's relatives above the area where the body will lie. They also decorate the photographs with leaves.

When the body arrives, the hearse stops at the gate of the marae and the home folk prepare to receive the cortège. The women perform the karanga and the procession begins to make its way onto the marae. As they are proceeding up to the meeting-house they return the calls of welcome with speeches to the deceased and to the spirits of those who have gone before. The coffin is taken into the house and is placed on the centre of the floor at the back wall of the wharenui with the foot of the coffin pointing towards the door. The lid is taken off and the people are given time to express their sympathies and words of condolence to the deceased and to one another.

After these exchanges are over, the home folk begin to extend formal speeches to the visitors and, when they have completed their part, the time is given over to the visitors to respond. And so the process goes on as each new group of visitors arrives to pay their respects. In our area it is considered insensitive to make visitors wait outside the marae for any length of time. As soon as people in the house are aware that there are visitors outside, they immediately invite them to come into the house, even though there may be other visitors there and formal greetings to them are not complete. The elders have determined that it is not a good thing to interrupt the outflowing of sympathies for the deceased and the bereaved by having people wait outside for hours on end. One of my relations, Selwyn Muru, has said: 'We in the Tai Tokerau area do not trample on the mana or dignity of our visitors by allowing them to wait for long periods outside our marae, which would be to treat them like animals, as when we used to tie our horses to the fence and leave them waiting for us all night.' When the visitors enter the house, they go directly up to the coffin and pay their respects. They then hongi with the deceased as a sign that there is life after death. At this point, they are free to greet the people in the house, beginning with the chief mourner who sits at the left side of the coffin, and go right around the house, ending up at the left side again. When this is done, the formal exchange of speeches and greetings takes place. Each group of visitors is then invited to partake of food in the dining hall as part of the ritual of whakanoa (freeing from tapu).

On most occasions the body lies in state for three nights, and on the following day is buried in one of the local cemeteries. In the evenings when there are no visitors being welcomed and there is a quiet time, the elders give the opportunity for the women to stand up and pay their respects to the deceased person. This is a very beautiful occasion, especially when some of the older women express their feelings. There are some very precious thoughts and memories shared at such times.

In the evenings and in the mornings a church service is conducted. It is a common practice in our area to give an opportunity for any church group to conduct a service, but when it comes to the main service, on the day of the burial, a minister from the denomination with which the deceased was affiliated will usually conduct the service. When the burial is completed at the cemetery, everyone is expected to go down to the river and wash their hands, before returning to the meeting-house to exchange speeches and to complete the day with a short service. After this everyone is invited to partake of the hākari.

Because there are three marae in our area, a deceased person is often taken to each of them to lie in state for an hour or so. This is because almost everyone in our village is related and we belong to a common family with common ties.

Now there is only one remaining activity to complete, which is the takahi whare when the house of the deceased and bereaved family is blessed.

This completes the brief description of a typical ceremony in our district.

Tapu

He maha rā ngā tikanga me ngā tū āhuatanga o tēnei kupu. Tuatahi, ko te tapu nui, koia tērā te mana o ngā atua. Nō reira i tapu ai ngā mea katoa nā te mea nā Io ngā mea katoa i hanga mai i runga anō i tōna āhua, i tōna āhua. He tapu tō te whenua, tō te moana, tō te ngahere me ngā mea ora katoa e haereere ana i runga i te mata o te whenua.

He tapu anō tō te tangata. Mātua tuatahi, nā ngā atua ia i hanga; tuarua, ka tapu ia i runga i tōna hiahia kia noho tonu ia i raro i te mana, i te maru rānei o ngā atua. Koia tēnei ko te tapu kāhore e tino mārama ana ki te nuinga o ngā tāngata. E mea ana ngā kaumātua o mua, e kore e taea e tātou o ēnei whakatupuranga te pīkau te tapu nā te mea kāhore tātou e pūmau, e ngākau pono ki ngā tikanga kia tapu ai te tangata. Kāhore tātou e ū, kāhore e kaha ana te whakapono—he rangirua ō tātou whakaaro. Kāhore e tino wera ana, kāhore e tino makariri ana.

He mata rua tō ngā mea katoa, arā, he kino, he ātaahua. Nō reira, he tapu kino, he tapu ātaahua. Kei a tātou te mana ki te whiriwhiri ko tēhea huarahi ka whai atu tātou. He tapu tō Whiro, he tapu anō tō te atua atawhai rawa. Ki te hiahia he tangata ki te mau ki ngā ture me ngā tikanga a Whiro, ka tapu ia ki a ia, ā, ka whiwhi i ngā hua o reira. Engari, ki te hiahia taua tangata kia tapu ia i raro i ngā tikanga ātaahua, ka riro mai i a ia ngā hua reka ki te kai. Nā, ko tāku i mea ai i runga ake, he maha rā ngā āhuatanga o te tapu, engari, koia nei te tino whakarerekētanga. E kore tātou e tapu rawa, ki te mea kāhore tātou e mau pono ana ki te mana e aru nei tātou.

Nā, ko ngā karakia me ngā whakaritetanga tikanga katoa i roto i ngā huihuinga Māori, e tohu ana i te hiahia o ngā tāngata kia whiwhi rātou ki te mana o te atua e whakaponohia nei e rātou. Ko ngā kōrero e whai atu nei e whakamārama ana i ētahi o ngā ritenga karakia mō te tiaki i te tapu.

Whakawahi: He karakia hei tohi tangata mō tētahi tūranga i roto i te tohungatanga.

Whakatapu: He karakia whakamana i te tangata, i tētahi mea rānei mō tētahi mahi kua whakaritea mā taua tangata, mea rānei. E taea ana te whakatapu kōhatu kia tiakina, kia manaakitia e ngā atua.

Hiki Tapu: Ka taea anō te whakatārewa atu te tapu o tētahi wāhi kia āhei te mahi hei mahi, pērā i te whakahoutanga o tētahi whare me te mahi tiaki i ngā urupā. Kia mutu rā anō te mahi kātahi anō ka whakahokia mai te tapu.

Whakawātea: He mahi tango i te tapu e noho ana i runga i ngā tāngata kia taea ai e rātou te haere i waenganui o te iwi whānui. Ko ngā kaikeri rua mō

Two headstones in Manawaiti wāhi tapu in Te Kuiti. *University of Auckland, Anthropology Department*

ngā tūpāpaku, ka hoki mai rātou i te wāhi tapu ka karakiatia rātou i mua atu i te haerenga ki waenganui o ngā tāngata. Pērā anō ngā kaitā rākau i ngā whare whakairo, ka mutu tā rātou mahi mō te rā, ka whakawātea rātou i mua i te hokinga ki ō rātou kāinga.

Tohi: He mahi karakia kia whakaritea he tamaiti, he tangata rānei mō tētahi mahi māna. Pēnei i te tohi tauira i roto i ngā whare wānanga, te tohi toa rānei mō te pakanga.

Tapu māheuheu: Koia tēnei ko te tapu o te tangata: ōna werawera, ōna huruhuru, ōna hūpē me ētahi atu putanga o tana tinana. Ka mahi ngā tohunga whakairo i roto i ngā marae, ka karakiahia ngā poupou hei whakawātea i ngā tapu māheuheu kia kore ai e pā ki ngā taonga nei. Koia ko te tikanga o te tapu māheuheu. Ko tēnei anō, ko ngā kākahu o te tangata kua mate, e tika ana kia horoia ēnei kia kaua te tapu māheuheu e kitea e te tangata ora, e pā rānei ki a ia. Kāhore e tika ana kia panga noa iho ēnei mea kei pokea ngā tāngata nā rātou te mahi pēnei.

Nō reira, ka whakawhānuitia ake te tikanga tapu i ngā mea poke, mea paru rānei, kia āraitia, kia taiepangia ki ētahi tāngata kia kaua rātou e pā atu, e tata atu. Pēnei i ngā kaimahi tūpāpaku, e tapu ana rātou, ngā wāhine e totongia ana, he tapu hoki rātou, ko ētahi mate kino, he tapu anō hoki.

Ko tētahi tikanga hei whakamārama ake. Ki te haere he tangata ki roto i ngā urupā, ā, ka puta mai me whakatika atu ia ki te horoi i ana ringaringa. Ko te take i pēnei ai, kia horoia ngā tapu o ngā takotoranga tūpāpaku kia kore ai te tangata e whara, e aituā hoki.

Heoi anō, me mahara rā ko te tapu i tīmata mai i ngā atua tae atu ki ōna mana, tikanga rānei mō te tangata.

Tapu (Sacred, Set Apart)

There are many meanings and conditions associated with tapu. First and foremost, tapu is the power and influence of the gods. Everything has inherent tapu because everything was created by Io (Supreme God), each after its kind or species. The land has tapu as well as the oceans, rivers and forests, and all living things that are upon the earth.

Likewise, mankind has tapu. In the first instance, man is tapu because he is created by the gods. Secondly, he becomes tapu in accordance with his desire to remain under the influence and protective powers of the gods. This is the kind of tapu that eludes the understanding of most people. The elders have intimated that it is very difficult for most people of this generation to become tapu, because they lack the commitment to maintain the conditions by which a person becomes tapu. In other words we lack the faith and dedication that is necessary; our thoughts are always distracted.

Everything has two sides or aspects, namely, good and bad. So it is with tapu; there is good tapu and there is bad tapu. We possess the capacity to choose what power or tapu we will follow. The devil has tapu, and so does the benevolent god. If we as human beings want to follow the dictates of evil forces, we become tapu to them and we receive the appropriate fruits of our devotion. But if we wish to follow the teachings of the benevolent god, then we will receive the choice fruits. However, it is important to remember this distinction: we will never become tapu under a particular power or influence if we lack the commitment and dedication to follow what we believe in relation to the power of that tapu.

All the prayers and rituals that are conducted in Māori ceremonies demonstrate the desire to placate the gods. The discussion which follows explains some of the rituals associated with the customs of tapu.

> **Whakawahi:** This is a ritual to ordain or appoint a person to a sacred office within the priestly order or other chiefly rank.
>
> **Whakatapu:** This is a ritual to set apart certain things or events which usually serve a religious purpose. For instance, a memorial stone is sanctified in remembrance of loved ones and the grace of God.
>
> **Hiki Tapu:** At times it is possible to suspend or render ineffective the tapu of a place so that a particular piece of work can be carried out, as, for example, in the renovation of a carved house, or the cleaning of a cemetery. When the work is completed the tapu is then restored once more.
>
> **Whakawātea:** This is the ritual to lift tapu off persons so that they are no

longer under such restrictions and are therefore able to move freely amongst people. This usually happens, for example, when people are chosen to dig a grave. After the burial, the tapu is removed from the grave diggers in an appropriate ceremony. Following this ritual they are free to join the community in their regular activities.

Tohi: This is a ritual to set apart an individual for a particular calling or responsibility. When students entered the traditional houses of learning they were set apart for this function; or a warrior was set apart so that he would develop skill and prowess for the battefield.

Tapu Māheuheu: This is another type of personal tapu to do with personal hygiene: sweat, bodily hair, scales, mucus, and other bodily fluids and excretions. When, for example, carvers are involved in the carving of a house, the carvings are blessed in order to remove the personal tapu of the carver so that it would not contaminate the object. This is a situation involving tapu māheuheu. Likewise, the personal clothing of deceased persons must be washed and treated with respect so that the living are not adversely affected by the tapu māheuheu of that individual. If people are careless in these matters then they are likely to suffer some kind of affliction.

Tapu has also been extended to include all kinds of restrictions and prohibitions, such as people with some contagious disease or people handling the dead, and women during menstruation.

One further illustration of tapu: when leaving a cemetery, people should wash their hands to cleanse the tapu and to ensure against possible harm.

Finally, the important thing to remember is that tapu comes from the gods, and embraces all the powers and influences associated with them.

Tino Rangatiratanga

Kāore au e whakaae koia tēnei te kupu tika hei tohu i te tihi o te mana o te iwi Māori. I roto i ngā wānanga tawhito o Ngāpuhi, kāhore rawa i kōrerotia ēnei kupu; engari kua rongo, kua kite ahau i te kōrero, 'Te Arikitanga o Ngāpuhi'. Ki ahau nei, he kupu hou tēnei (tino rangatiratanga) i hangā mai e tauiwi i ngā wā o te Tiriti o Waitangi, i te wā hoki i tīmata rātou ki te raupatupatu i ngā whenua Māori. Nō ngā rā tata ake ka whakamahia e te Māori tēnei kupu hei manawa whakatōpū i te mana Māori.

Kāti rā, ko te tino kupu, ko te arikitanga. Heoi, koia nei te kupu kōrero a ōku mātua hei tohu mai i te mana toitū, i te mana motuhake o te Māori.

Heoi anō, me āta tirotiro tātou ki te mana Kīngitanga kua tū ki ngā rohe o Tainui—kua whakawahia a Te Atairangikaahu ki te tino mana Māori, arā, ki ngā tohu o te arikitanga. Ko te ariki, koia nei te toi o te mana e noho ana ki runga i te tūranga rangatira o tētahi iwi, hapū, rōpū rānei. Ko te take i pērā ai, ko ia anō te tangata e tata atu ki ngā atua i roto i ngā kāwai heke tangata. Ko ia anō te māngai mō ngā atua ki runga i te mata o te whenua.

Nāku ake tēnei, me whakakāhore e tātou te kupu, 'tino rangatiratanga', ā, ka mau pū tātou ki te kupu tika, arā, te arikitanga o te iwi Māori.

Tino Rangatiratanga (Māori Sovereignty)

Tino rangatiratanga is not, in my view, the right word to describe the epitome of Māori power and status. The word does not occur in the traditional schools of learning in Ngāpuhi. In my opinion, this is a new word coined by the Pākehā when the Treaty of Waitangi was written and this land was colonized. But, in recent times, some unschooled Māori have widely adopted the term tino rangatiratanga to epitomize their sovereign power and status.

I believe the correct word is arikitanga. This is the word that my ancestors used to describe the concept of the supreme mana or power of the Māori, as in the phrase 'te arikitanga o Ngāpuhi'.

Again, for example, let us take a look at the King Movement operating within the borders of Tainui. Dame Te Ātairangikāhu has been appointed ariki or paramount chieftainess, and holds the office and power of arikitanga. The ariki is the supreme authority and power of the tribe or group, by virtue of his or her direct lineage to the gods in accordance with human genealogies. The ariki is also the intermediary of the gods on earth.

I think that we should abolish the term 'tino rangatiratanga' (a term coined by colonists who suppressed Māori sovereignty) and use instead the word arikitanga—a word coined centries ago by the Māori to describe their supreme power and authority.

Tiriti o Waitangi

Koia tēnei te ture i tuhia hei whakamana i te noho tahitanga a te tangata whenua me ngā tauiwi ahu mai i te tuawhenua o Ingarangi, arā, te Pākehā. I hainatia tēnei tiriti i te ono o ngā rā o Pēpuere, 1840, i Waitangi. Ko ngā rangatira o Ngāpuhi, a Hone Heke mā, i tā tuatahi i ō rātou moko ki runga i te ture hou. I muri mai ka kawea ki ngā rohe puta noa i te motu, ā, ka hainatia e te nuinga o ngā rangatira o ia iwi, o ia iwi.

E toru anake ngā ture o te tiriti:

Ko te Tuatahi

Ko ngā Rangatira o te wakaminenga me ngā Rangatira katoa hoki kīhai i uru ki taua wakaminenga ka tuku rawa atu ki te Kuini o Ingarangi ake tonu atu—te Kāwanatanga katoa o ō rātou wenua.

Ko te Tuarua

Ko te Kuini o Ingarani ka wakarite ka wakaae ki ngā Rangatira ki ngā hapū —ki ngā tāngata katoa o Niu Tīrani te tino rangatiratanga o ō rātou wenua kāinga me ō rātou taonga katoa. Otiia ko ngā Rangatira o te wakaminenga me ngā Rangatira katoa atu ka tuku ki te Kuini te hokonga o ērā wāhi wenua e pai ai te tangata nōna te Wenua—ki te ritenga o te utu e wakaritea ai e rātou ko te kaihoko e meatia nei e te Kuini hei kai hoko mōna.

Ko te Tuatoru

Hei wakaritenga mai hoki tēnei mō te wakaaetanga ki te Kāwanatanga o te Kuini—Ka tiakina e te Kuini o Ingarangi ngā tāngata māori katoa o Nū Tīrani ka tukua ki a rātou ngā tikanga katoa rite tahi ki ana mea ki ngā tāngata o Ingarani.

Ki tōku titiro, itiiti noa iho te wā ki te Māori ki te āta whiriwhiri i ngā pūtake o te Tiriti. Ka tae mai a Kāpene Hopihona i te rima o ngā rā, nō te ono ka hainatia e te Māori, ahakoa ētahi, pērā i a Tāreha, kāore ia i whakaae ki te haina, ka whakatūpatohia e ia tāna iwi kia kaua rātou e tuku i te mana o ō rātou whenua ki te Pākehā. Nō reira, ahakoa i pērātia ngā kōrero ka hainatia e te nuinga o ngā rangatira.

Ko Hone Heke tētahi i haina engari kāore i roa ka kite ia i ngā mahi tinihanga a te Pākehā me ā rātou mahi raupatu i ngā whenua. Koia rā te take ka poutoa e ia te kara o Ingarangi i runga i te puke i Kororāreka. E toru ōna tuatanga i te pou kara. Nā, i te tau 1845, ka whawhai ia me ōna hoa whawhai ki ngā hōia a te kāwanatanga me ngā Māori, pērā i a Tāmati Wāka Nene; ka toa te kāwanatanga.

I ētahi wāhi, pērā i roto i ngā rohe o Waikato, e kaha ana ngā Māori ki te whakatō kai: he wīti, he kānga, he rīwai me te tiaki kararehe. Kīhai te Pākehā i pai ki ēnei mahi, kātahi rātou ka hanga ture ki te raupatu i ngā whenua Māori, ka hoatu ki ngā Pākehā haere tonu mai i Ingarangi. Ka riri te Māori, ā, ka tīmata ngā pakanga whenua i te kotahi tekau tau, 1860. Ka pērā anō ngā mahi a te Pākehā ki Taranaki, ki Te Waipounamu me ētahi atu wāhi. He maha rā ngā Māori i mau herehere, puta mai rātou riro katoa ngā whenua i te Pākehā. Nō muri i ēnei pakanga, ka mate haere ngā Māori i te pōhara, ka pāngia anō rātou e ngā momo mate whakarihariha. Nō te tīmatanga o tēnei rau tau ka puta te kōrero a te Pākehā, 'Ka mate te iwi Māori, e kore rawa tētahi e ora.'

Ahakoa ko ngā mahi raupatu whenua, he tini rawa ngā mahi pēhi iho i te Māori me tōna mana a ngā taurekareka. Ko ngā tauranga ika, ko ngā ngāherehere, ko ngā awa, ka tangohia katoatia e te Pākehā. Ka pērā anō te reo tapu o ngā tūpuna, kāhore ngā Pākehā i pai kia whakaakongia te reo Māori i roto i ngā kura. E mea ana rātou ko te reo Ingirihi te reo tika, nō reira, i nāianei tonu, he iti noa iho ngā tāngata e mōhio ana ki te reo Māori. Kia ahatia, e whakamomori ana te Māori ki te whakakaha i te reo, kia kore ai e ngaro.

Heoi, tēnā pea nā ngā mahi kua whakaritea mō te Taraipiunara o Waitangi, ka kitea he huarahi hei whakatika i ēnei mahi whakaharahara, kia tū tangata ai te Māori i runga i ō rātou ake whenua me ngā taonga tuku iho i ngā mātua, tūpuna. E mātakitaki ana te ao whānui i ēnei mahi, motuhake rawa ngā tāngata whenua kua takahia e tauiwi i ētahi atu tuawhenua, pērā i ngā Iniana o Amerika me ngā tāngata whenua o Ahitereiria.

Tiriti o Waitangi (Treaty of Waitangi)

The Treaty of Waitangi is the founding document of this nation: it signified the bringing together of two people—the indigenous Māori tribes and the British Crown—into one nation. The Treaty was signed on 6 February 1840 at Waitangi in the Bay of Islands. The chiefs of Ngāpuhi, including Hone Heke, were the first to add their signatures to the document. Following the signing at Waitangi, the Treaty was taken to other parts of the country where most of the chiefs of the tribes signed.

There are only three articles to the Treaty (the test given here is taken from the *Facsimiles . . . of the Treaty of Waitangi*):

Article the First

The Chiefs of the Confederation of the United Tribes of New Zealand and the separate and independent Chiefs who have not become members of the Confederation cede to Her Majesty the Queen of England absolutely and without reservation all the rights and powers of Sovereignty which the said Confederation or Individual Chiefs respectively exercise or possess, or may be supposed to exercise or to possess, over their respective Territories as the sole Sovereigns thereof.

Article the Second

Her Majesty the Queen of England confirms and guarantees to the Chiefs and Tribes of New Zealand and to the respective families and individuals thereof the full exclusive and undisturbed possession of their Lands and Estates Forests Fisheries and other properties which they may collectively or individually possess so long as it is their wish and desire to retain the same in their possession; but the Chiefs of the United Tribes and the individual Chiefs yield to Her Majesty the exclusive right of Preemption over such lands as the proprietors thereof may be disposed to alienate at such prices as may be agreed upon between the respective Proprietors and persons appointed by Her Majesty to treat with them in that behalf.

Article the Third

In consideration thereof Her Majesty the Queen of England extends to the Natives of New Zealand Her royal protection and imparts to them all the Rights and Privileges of British Subjects.

In my opinion, the Māori had little time to give deep consideration to the principles of the Treaty. Captain Hobson arrived at Waitangi on 5 February, and this was the first opportunity that the Māori had to hear the terms of the Treaty. On the following day, 6 February, the Treaty was signed. There was vigorous opposition from many chiefs; one, Tareha, would not agree to sign and warned his people that they should not give away the sovereignty over their lands to the British. In spite of these warnings the majority of chiefs signed.

Although Hone Heke was one of the first to sign, it was not long before he saw that the Treaty promises were broken in the deceitful practices of the Pākehā; for example, in their dealings with land purchases and confiscations. This was the reason that he protested against British rule by cutting down the flagstaff at Kororāreka (Russell) three times. In the year 1845 war broke out between Heke and his followers and the government forces, who were supported by other Northern chiefs such as Tamati Wāka Nene. The government was able to suppress the uprising.

In other areas after the Treaty was signed, such as in the Waikato district, many Māori prospered in agriculture and livestock farming. However, there were many Pākehā who were not happy with this situation. Laws were passed enabling the Crown, in contravention of The Treaty, to confiscate lands on a large scale; these were in turn sold cheaply to the new immigrants for settlement. Naturally, many Māori were angered by these actions and this was the cause of the Land Wars of the 1860s. Similar alienation tactics occured in Taranaki and other areas. Many Māori were thrown into gaol and many died there. When the survivors were released, their lands had gone to the Pākehā. There was a rapid decline in the health and vitality of the Māori, due to poor living conditions and the diseases brought here by the Pākehā.

Apart from unscrupulous land dealings there were many other destructive measures orchestrated against the Māori. For example, the Pākehā began to monopolize the fishing grounds and the resources of the forests and rivers, all of which were guaranteed to the Māori under the Treaty. Likewise, laws were enacted to prevent Māori language being taught or spoken in schools. It was maintained by the Pākehā that the English language was the 'proper language'. The result is that at the present time there are very few speakers of Māori. However, the Māori are making great efforts to revive the language so that it will not be lost for ever.

Perhaps through the work of the Waitangi Tribunal, established to help to honour the Treaty by inquiring into claims of Crown injustices, there may be a way to put right the wrongs that have been done to the Māori people, so that they may confidently develop their lands and cultivate the heritage of their ancestors. The eyes of the world are on the Tribunal and its work, with many hoping that the tangata whenua, or original inhabitants, may regain all that has been taken unjustly from them by the Pākehā and that the Treaty may be respected by both parties.

Protestors gathered outside the Waitangi Marae, at the Treaty Celebrations, 1983. *Gil Hanly*

Tohi

Ka whakatapua te tangata ki raro i te mana o ngā atua, koia nei te tohi.
Ka tohia te tangata ki roto i ngā wai tapu o te iwi. Ko te āhua o te tohi,
ka mauria te tangata ki roto i te wai tapu. Ka tū te kaitohi i te taha o taua
tangata, ko āna kupu e pēnei ana: 'Ka tohia koe e ahau ki te tohi a
Tānenuiarangi, (ki tētahi o ngā atua rānei), ka rūmakina, ka pūea ake
anō.' E toru tāima e pērā ana tāna mahi me te karanga i te karakia tohi.
Ka haria ki runga i te tūāhu, ka tū ngā tohunga tokotoru ka taupuripuri
ngā ringaringa ki a rātou tokotoru. Ko te tangata i tohia ki te wai kei
waenganui ia e noho ana. Kātahi ka whakahuatia te karakia e tētahi o
ngā tohunga:

> Kua tohia nei koe i runga i te ingoa o Tānenuiarangi . . . mā reira nei koe e
> tū koha kore ai i te aroaro o Iomatua, o ngā atua tae noa ki ngā mano tini o
> ngā rangi, ki te wheiao, ki te ao mārama.

Ka mutu i konei te mahi tohi tangata ki ngā atua. He pērā anō te āhua
mō te tohi i te wahine, engari ka tohia ki tētahi atua rerekē i tō ngā tāne.
He kōrero tēnei nā ngā mātua i tō mātou kāinga. I te haerenga o
Kāpene Hāringi Rīwhi ki te Pakanga Tuatahi, ka tohia ia ki te Tohi o Tū,
ki te Tohi o Karakawhati i te awa o Whirinaki. Ka hoki mai ia i te
whawhai tuatahi, ā, i te Pakanga Tuarua ka tohia anō ia ki roto i taua wai
tapu. Nō reira, ka puta te kōrero a ngā tohunga, 'Ka hinga koe i te
parekura.' Kīhai ia i hoki mai i te pakanga tuarua, ka mate atu i tāwāhi.
Nā, ko te Tohi o Karakawhati, te tikanga tohi i ngā toa o Ngāpuhi. E
kīia nei te kōrero, ka haere te wahine a Tāwhaki, ko Hinepiripiri, ki te
tiki wahie. E hapū ana ia. Ka tata ki te whānau ka mau tana ringa ki te
manga karaka, ā, ka whati te rākau nei. Ka hinga te wahine ki raro, tata
tāna pēpi, he tama, te mate. Kātahi ka tohia te tamaiti e tana matua, kia
tupu kaha tāna tamaiti, a Wahieroa, ka ora ia. Koia nei te tohi mō te toa.
Ka tohia he tangata mō ngā mahi katoa, he tohi mō te tohunga
whakairo, mō te whakapapa, mō te wānanga, mō te raranga, mō te whatu
me ērā atu mahi. Ko te mea nui kia mau pono te tangata ki tāna i tohia
ai.

Tohi (Ordination)

A person may be set apart or ordained to be an emissary of the gods. In Māori this is known as the tohi rite.

In a tohi rite, a person is purified in the sacred waters of the tribe. The person is led to the sacred waters and the officiating priest stands beside him and says the following words: 'I tohi you with the tohi of Tāne' (or the name of one of the other gods may be used). The person is immersed and brought out of the water three times, and then taken to the sacred altar or sacred mound. Three priests join hands and the candidate sits in the middle of them. Then the following prayer is said by one of the priests:

> You have been cleansed through the name of Tāne . . . may you stand perfect in the presence of Io, the gods, and the myriad angels, and enter the world of light.

This completes the ceremony of dedication of a person to the gods. The same process is used for the dedication of women, but the gods to whom they are dedicated are usually different from those of the menfolk.

The following is an account of an event that took place in my home village. When Captain Harding Leaf was prepared to go overseas to the First World War, he was dedicated to Tū, the god of war, in a tohi ceremony in the Whirinaki River. He returned from the war but, when the Second World War began, he went through the same ceremony before going overseas. This time the tohunga or priest said, 'You will fall on the battlefield'. He died overseas and did not come back.

The Tohi of Karakawhati was a special ceremony used for the dedication of Ngāpuhi warriors to Tūmatauenga, the god of war. According to the oral history, Hinepiripiri, the pregnant wife of Tāwhaki, went off to gather some firewood. While she was gone, the time came for her to give birth. While she was in labour, she held on to the branch of the karaka tree. The branch broke, causing her great difficulty, and the baby almost died. Fortunately, the child survived and he was given a special tohi rite by his father in which he was dedicated to become a brave and successful warrior. The name of the child was Wahieroa, because of the 'long branch' that had broken off the karaka tree. The prayer of dedication used by Tāwhaki for his son is the same one used in dedicating warriors in Ngāpuhi.

People may be dedicated or set apart for skills and professions: for carving, for genealogy, for particular learning abilities, for weaving, for gardening, and so on. The main point to remember is that a person must be committed to the cause which he or she has been set apart to do if he or she is to succeed.

Tohunga Whakairo, Pākariki Harrison; carving another masterpiece.
Maureen Lander

Tuku Wairua

E pōhēhē ana ētahi ko te tuku wairua he tikanga karakia mō muri iho i te matenga o te tangata. Engari kē, ko te tino tikanga o te tuku wairua mō ngā tāngata e ora tonu ana, ahakoa he taimaha rawa ō rātou tinana, te māuiui rawa hoki. E kitea ana, e kore te tangata nei e ora, engari e whakamomori kaha ana ia kia kaua ia e mate. I konei ka tae mai ngā tohunga ki te tuku i tōna wairua kia haere ake ia i runga i te ngāwaritanga me te rangimārie. Mena he ngākau kino tōna, he hara pea ōna, he ngākau pōuri rānei ki tāna whānau, ka whakamārietia tōna wairua i runga i te āhua o ngā karakia.

Kāti, i ēnei rā, ka mate atu he tangata, ka karangahia ngā pirihi kia haere ki te karakia i te tangata kua mate, kia whiwhi ai ia ki te murunga hara me te rangimārie ki tērā o ngā ao. He pēnei te aronga o ngā karakia o nāianei tonu:

E Ihowa kua tangohia ake nei e koe
Te wairua o tō mātou whanaunga;
Murua e koe ōna hara katoa,
Tiakina tōna tinana, wairua hoki,
Ā tae noa rā ki te aranga nui o te hunga
E moe ana i roto i a koe
Ko Ihu Karaiti tō mātou Ariki. Āmine.

Ki ētahi, kāhore e tatū ō rātou whakaaro, wairua hoki inā ka mōhio rātou kīhai i whakaritengia e te pirihi ēnei momo karakia mō te tangata kua hemo atu.

Tuku Wairua (Release of the Spirit)

Many people mistakenly believe that tuku wairua is a form of ritual performed over a person immediately after they have died. However, the real meaning of tuku wairua refers to a situation in which a person close to death is clinging desperately to life. Although there is no hope, the dying person is trying to forestall death. At this point the priest is called in to release the spirit (tuku wairua) of the dying person, so that they may go in peace. If the person is troubled with a bad disposition, or has some sin or ill feelings they have not repented of, a special prayer of forgiveness is offered by the tohunga or priest on their behalf.

Nowadays when a person dies, a priest is immediately called to give holy unction to the deceased, so that their sins may be forgiven and they may go in peace to the next world. The following is an example of a typical prayer used in a tuku wairua ceremony:

> Almighty God, Thou hast taken the spirit of our beloved one, forgive him
> for all his sins, take care of his body and spirit until the resurrection of those
> who rest in Thee. Jesus Christ is our Lord, Amen.

Some people become very uneasy when they learn that a person has died and has not been given the last rites. They remain uncomfortable until such rites have been administered by a priest.

Ūkaipō

Koia nei te kōrero e hāngai ake ana ki te whakatuputanga ake o te tangata, arā, te wāhi i ngotengote ai ia i te waiū o tōna whāea. Ko te kupu nei he whakarāpopototanga nō te kōrero, 'te kai waiū i te poho o tōna whāea'.

Nā, ko te wāhi i tupu ai te tangata, ā, ka kai ia i te oranga o te whenua o taua wāhi, ka tae rā anō ki te wā ka mate atu ia ka hoki anō ia ki te oneone kia ora tonu ia i waenganui i ngā kōiwi o ōna wheinga.

Ka rangona te kōrero i roto i ngā hui tangihanga: ka mate atu he tangata, ka tae mai ngā mātua ki te tiki mai, ā, ko tō rātou hiahia, me tanu te tangata nei ki te wāhi i tupu ake ai ia, koia tēnei te ūkaipō. Mena he wahine kua mate atu, ko te whakaaro nui me whakahoki atu tōna tinana ki tōna whānau, arā ki tōna ūkaipō, kia wātea tana tāne ki te rapu hoa anō mōna, inā rā, koia tēnei tāna hiahia. He pērā anō te tikanga mō ngā tāne, otirā ki te mea kāhore anō te hunga mārena kia tino kaumātua rawa.

Ka pēnei te kōrero a ōku mātua ki a mātou o tēnei whakatupuranga:

> Ka mate tētahi o ō koutou whanaunga, kia kaha koe ki te whawhai kia takoto mai ia i roto i te ūkaipō o ngā mātua, tūpuna.

Caring for children on the Orakei Marae. *Gil Hanly*

Ūkaipō (The Place of Nurturing)

Ūkaipō refers to the nurturing of a person—literally to the place where a person is suckled. The word is supposed to be an abbreviated form of the extended phrase 'kai waiū i te poho' or 'sucking milk at mother's breast'.

Ūkāipō can also refer to the place in which a person grew up, that is where he or she was raised on the 'fat of the land', especially during childhood. When a person dies it is expected that they will be interred with the bones of the ancestors, who continue (now in the spirit realm) to provide their children with spiritual sustenance.

It is not unusual to hear the following sentiments expressed at funeral services: when a person dies away from home, the elders will come immediately to take him or her home to be buried with the ancestors, that is, to the ūkaipō . If a married woman dies, special efforts are made to return her body to her family so that her husband is free to find another mate, should he choose to do so. This practice is also applicable to the husband, especially if the couple are young.

Our elders have given us, the younger generation, the following commission:

> When any of your relatives pass on, ensure that you do everything in your power to return them to the ūkaipō of our fathers.

Wahine

Ko Papatūānuku te whāea o ngā mea katoa, ahakoa manu, ika, kararehe, otaota, rākau, tātou hoki te tangata. Ka moe ia i a Ranginui ka puta ngā mea ora katoa i a rāua. Kua rongo tātou ki ā rāua tokowhitu rongonui: Tāwhirimātea, Tangaroa, Haumia, Rongomatāne, Tāne, Rūaumoko me Tūmatauenga.

Ko Tahutapairu te wahine a Tūmatauenga. Nā rāua ko Aituā mā tae noa ki a tātou te tangata. Ko ia, ko Tahutapairu, te ariki o te pō rāua ko te wheiao. Nā, i muri iho i te wehenga o Ranginui rāua ko Papatūānuku ka rapua e ngā atua te uwha kia hangaia ai he wahine hei hoa mō Tānenuiarangi, te tauira tuatahi o te ira tangata. Ka moe a Tānenuiarangi i a Hineahuone, ka puta ko Hinetītama. Ka moe hoki a Tānenuiarangi i a Hinetītama, nō konei ka puta mai ngā uri katoa o te ao. Ā muri ake, ka pātai a Hinetītama ki a Tāne: 'Ko wai tōku matua?' Ka whakahoki atu a Tāne: 'Ui atu ki ngā poupou o te whare.' Nā tēnei kōrero ka mōhio a Hinetītama i pūremu tōna matua ki a ia, ka tau mai te whakamā nui rawa ki a ia. Nā, tino pōuri tōna ngākau, ka oma atu ia, ka heke i te Tāhekeroa ki Rarohēnga. Nō reira, ka tapā tōna ingoa hou ko Hinenuitepō, ko ia te ariki o te mate.

Ko te wahine he whare tangata. Kei a ia te mahi nui hei whakatupu tangata ki roto i a ia, ā, tae noa ki te wā ka tū tangata ia. Ka mau ki runga i a ia te mamaetanga me te pōuritanga; māna anō te taha kikokiko e whakaahua. Mā te tāne te tinana wairua kei roto i te tangata e tiaki.

Ko te wā ka tupu te pēpi i roto i te puku o tōna whāea, e kōrerotia ake ana, he wheiao. I te wā e tupu ana, ka whāngaia e te whāea te hauora ki roto i te pēpi. Ka tupu, ka whakahāngia e ngā atua te mauri ora ki roto i te tamaiti, me ōna āhuatanga motuhake. Ehara i te mea ko te wheiao e tīmata ana i te whakatōtanga o te kākano, engari e tīmata ana i te wā kua rite ki te whakawhānautanga mai o te pēpi. Ka huri te mātenga ki roto i te ara wahine, ka tata ki te puta, ka taka, ka rere i te rere tāwhangawhanga. I muri iho ka taka mai te whenua. Ka tapatapahi atu i te iho, ka hotu te manawa, ka puta te ira tangata i te 'wheiao ki te ao mārama'.

Koia nei te whakawhānau pēpi; ka tika, ka taka, ka rere, ka tapahi i te iho, ka ora te manawa; he wheiao tēnei. Ka kite tātou, ka wehea mai te whenua, ka tapahia atu te iho, kua āraitia te rere oranga i te whāea ki te pēpi, pērā hoki ngā tamariki a Ranginui rāua ko Papatūānuku, ka ngaro atu te oranga i te wehewehenga i ō rātou mātua. Ka ngotengote te pēpi i te waiū o tōna whāea, ka tae ki te wā ka rapua e ia he oranga mōna, ka tū kaha mō ake tonu atu. Ko te ūkaipō, ko te wāhi i tupu ake, i ngotengote ai te tamaiti i te waiū i te poho o tōna whāea.

He tinana wairua anō ka whakatōkia i te wā ka hapū te whāea, koia te aho tapu e hono tonu ai te pēpi ki ngā atua. Ko te wairua tēnei o te tangata, ka noho atu ki te tinana kikokiko i runga i te mana o te mauri. Koia nei te mana motuhake o ngā atua. Ka mate atu te tangata ka tangohia ake te mauri nei e ngā atua. He tika nō te kōrero nei:

> He manawa ka whītikia, he mauri ka mau te hono; ko koutou te hunga mate, kua wehe koutou i te hono, kōkiri wairua ki te tihi o Mauri aituā.

Ko te matua pāpā, kei a ia te tikanga mō te tiaki i te wairua o te pēpi, koia tōna tohungatanga; ko te tikanga mō te whāea, ko te whāngai, ko te tiaki, ko te awhi mai i te tinana. Ki te whakaaro Māori, e rua ōna āhua ritenga, arā, he tinana wairua, he tinana kikokiko. Nō reira i kīia ai e ngā mātua te tikanga mō te wahine:

> Hoki wahine ake, kaua e hoki tāne ake; mauria ake te tōpuni o reretāwhangawhanga.

Ko te wahine, he puna roimata. Nā tāna reo tangi ka taea e ia te whakaoho ake te hunga e noho ana i te ao wairua. Koia te pūtake o tāna tangi ki runga i te marae, kia rongo ngā wairua i tāna tangi. Koia anō te mahi mau parekawakawa hei whakapōuri i ngā kanohi kia kitea ai ngā wairua o te tira mate.

Heoi, kia maumahara tonu tātou kia mahi tahi te tāne rāua tahi me te wahine. Ki te hapa tētahi taha ka hē te tangata, engari kia tupu tahi ake te tinana wairua me te tinana kikokiko i runga anō i ōna ritenga, i ōna ritenga. E kore tātou te iwi Māori 'e ora i te taro kau', engari whāngaia hoki te ngākau, wairua hoki o te tangata.

Papatūānuku, known as 'Mother Earth', was the wife of Ranginui; from her all living things were created. *Auckland University, Anthropology Department*

Wahine (Woman)

Papatūānuku is regarded as the mother of all loving things including birds, fish, animals, herbs, trees, and people. She slept with Ranginui and they begat all living things. It was through their seven children that all things evolved: Tāwhirimātea (god of the elements), Tangaroa (god of the sea), Haumia (god of fernroot), Rongomatāne (god of the kumāra and other cultivated crops), Tāne (god of the forests), Rūaumoko (god of earthquakes), and Tūmatauenga (god of man and war).

Tahutapairu was the wife of Tūmatauenga. They begat Aituā and others, that is, all mankind. She was the goddess of night and the early dawn. After the separation of Ranginui and Papatūānuku the gods went in search of the female element so that they could create a woman to be the wife of Tānenuiarangi, the first mortal man. And so Tāne married Hineahuone (the earth maid) and they begat Hinetītama. Tāne later slept with their daughter and this was the beginning of all the generations of mankind. Some time later Hinetītama asked Tāne, 'Who is my father?' Tāne replied, 'Go ask the posts of the house.' By his reply Hinetītama realized that she had been involved in an incestuous relationship with her father. She was completely overcome with shame and grief and she descended by the hidden pathway to the underworld. There she became known as Hinenuitepō, the goddess of the night, of death and sorrow.

Women are described as the 'house of mankind', because all humans are conceived and develop in the womb. A woman's primary role is to nurse a child until it grows into maturity and independence. She suffers much of the pain and sorrow associated with bearing and raising children. She is responsible for the child's physical growth, and the husband or father is responsible for the child's spiritual and moral upbringing (hence the male role as tohunga or priest).

When a child is conceived and develops in its mother's womb, this condition is known as wheiao. In the womb the child is totally dependent upon its mother for its nourishment and growth. In accordance with Māori tradition, the child is imbued with power from the gods in the form of a mauri which gives him or her the power of life and determines his or her unique characteristics. The wheiao itself does not really comprise the total development period from fertilized egg to full-grown foetus, but rather that stage just prior to birth, when the child has turned in the mother's womb and engaged its head in the vaginal passage and is about to be born into this world. The birth journey from the womb to the light of day is a state of wheiao. The placenta, which has been the life support of the child in the womb, breaks away and is expelled at birth. The newborn child is severed from its life support within the womb and begins a life in which it becomes increasingly responsible for its own support.

The birth process, from the time the baby has stopped growing in the womb to the point when the afterbirth is expelled out of the womb, the umbilical cord severed, and the first breath inhaled, constitutes the wheiao at birth. The release of the afterbirth from the womb and cutting of the cord effectively destroy the life support given by the mother to the child, just as the children of Ranginui and Papatūānuku lost the life-sustaining support of their parents when they forced them apart. Of course, a child is still very much dependent on its parents for its food and care in the first few years of its life, but it will eventually, under normal, healthy circumstances, learn to sustain itself and assert its independence.

There is a spiritual component implanted during pregnancy which maintains the link between the child and the gods. It is described as the wairua and is bound to the physical body of the child through the infusion of the mauri-ora or life force. This is the essential power which links mankind to the gods. When we die, the binding power of the mauri is withdrawn by the gods. These sentiments are aptly expressed in the phrase:

> The heart of man has a limited temporal function; but the mauri is the power that binds the spiritual and the physical.

Those who die have had the mauri force disconnected and the spirit takes flight to the summit of death. The father is largely responsible for the care of the wairua of the child (hence his role as priest and tohunga), while the mother is primarily responsible for the physical growth and nourishment of the child. These views are based on the traditional belief that all life is created first spiritually, and then physically. Accordingly, the ancient ones have decreed what the role of woman shall be:

> The woman has her place and function which is different from that of the man; therefore she should not overstep those boundries which have been determined from the beginning of time.

The woman is also the well-spring of tears and sorrow. By her special cry she is able to awaken those who live in the spirit world. This is the interpretation of her cry of welcome onto the marae. This is also the reason why she wears a garland of leaves to shade her eyes, so that she is able to see into the realm of the spirits of the dead.

Finally, the roles of man and woman should be complementary. When one aspect of our lives is wanting, the other part suffers, but the spiritual and physical components of our being should develop according to the prescribed order and function for each. In other words, the Māori people 'cannot live by bread alone': physical development must be complemented with appropriate spiritual nourishment.

Waiata

Ko tētahi o ngā mahi nui o te waiata he tikanga tapu ia mō te tuku iho i ngā taonga o te mātauranga i roto i ngā mahi ako o te kura wānanga. E rite ana tōna tikanga ki ngā mahi whakapapa, karakia, me ngā tikanga wānanga katoa. He maha rā ngā momo waiata, koia nei ētahi: he waiata tangi, he waiata pātere, he waiata oriori, he waiata whaiāipo, me ētahi atu. Ko tētahi o ngā waiata rongonui, ko 'Pōkarekare'. E whakaatu mai ana i te kōrero o te puhi, o Hinemoa, i kauhoetia te roto o Rotorua i te pō, ka tūtaki ki tāna tau i Mokoia. Ka waiatatia rā ngā waiata i roto i ngā tini mahi a te iwi—i roto i ngā kura, i ngā momo hui, i ngā mahi whakangahau.

Ko te oriori he waiata whakaako i ngā tamariki. I te wā e tupu ana ka waiatangia e ngā mātua he oriori kia mōhio ai tā rātou tamaiti ki ētahi kōrero hōhonu a tōna whānau, iwi rānei. He hāngai ake te kupu o te oriori ki te whakapapa, ki te karakia, ki ngā mahi nui a ōna mātua tūpuna.

He maha ngā waiata kua kohia ki roto i ngā pukapuka e whā o *Ngā Mōteatea*. Ko Tā Apirana Ngata rāua ko Tākuta Pei Te Hurinui ngā kaitā. He waiata nā ngā iwi katoa kei roto me ōna whakamārama. Engari hoki, kei tēnā iwi, kei tēnā iwi āna tini waiata, kāhore noa kia tuhia.

Students singing a waiata at the opening of the Auckland University Marae, 1988. *Auckland University, Anthropology Department*

Waiata (Song)

Waiata or song is a medium through which sacred and profane knowledge is passed from one person to another, or from one generation to another. Waiata was one of the principle methods of teaching and learning in the kura wānanga or school of sacred knowledge. It ranked along with genealogy and incantations as a principal means of desseminating prized knowledge. There are many types of waiata, some of which are songs of lament, epic songs, lullabies, and love songs. One of the famous love songs of the Māori is called 'Pōkarekare' which tells the story of how a beautiful maiden called Hinemoa swam across Lake Rotorua at night to meet her lover on Mokoia Island. Waiata were performed on many occasions, for formal events and for entertainment.

The oriori or lullaby was sung to children. As well as comforting the children, the song was intended to instil important ideas and messages about the lives of their ancestors. Such messages contained information on genealogy and family relationships, special incantations, and beliefs concerning the gods. They often recalled famous people and memorable events in the life of the tribe.

A number of waiata from all the tribal areas have been collected and published in the four volumes of *Ngā Mōteatea*. This was the work of two eminent scholars, Sir Apirana Ngata and Dr Pei Te Hurinui Jones, now both deceased. These volumes give the texts of the songs, with an explanation and interpretation of the type, meaning, and social function of each text. As well as *Ngā Mōteatea*, there are several other published collections. Each tribe also has its own extensive repertoire for all kinds of situations and occasions.

Wairua

E pēnei ana te whakaaro o te Māori, he tinana wairua, he tinana kikokiko
tō ngā mea katoa, ahakoa te whenua, he wairua tōna; te moana, he wairua
tōna; te kararehe, he wairua tōna; heke iho ki te tangata, he wairua tōna. I
mua atu i te whakaahuatanga o te tangata i te oneone, he wairua ia — i
noho tahi me ngā atua. Ko te mauri, arā, te mana motuhake o ngā atua, te
mana tātai hono i ngā tinana e rua, ā, ka whakaurua hoki te manawa ora
hei whakamahana i a ia, nā, ka tupu ora he tangata.

Ka mate atu te tangata, ka tanumia te tinana ki te kōpū o
Papatūānuku, engari ko te wairua ka hoki haere i te ara whānui a Tāne
ki ngā atua nāna ia i hanga. Kāhore he mate e pā ki a ia i te ao wairua,
engari ka noho tonu ia me ngā atua. E ai ki te kōrero, kāhore he aranga
ake o te tinana kikokiko i te rua.

Kāti rā he maha ngā kōrero kua tuhia e au ki konei mō te āhua o te
wairua me ōna tikanga.

Wairua (Spirit)

The Māori believe that all things have a spirit as well as a physical body;
even the earth has a spirit, and so do the animals, birds, and fish;
mankind also has a spirit. Before man was fashioned from the elements
of the earth, he existed as a spirit and dwelt in the company of the gods.
The spiritual and physical bodies were joined together as one by the
mauri; the manawa ora (or life-giving essence which is imbued at birth)
gives warmth and energy to the body so that it is able to grow and
develop to maturity.

When a person dies their physical remains are interred in the bosom
of Mother Earth, but their spirit lives on and travels the pathway of Tāne
to the gods that created them. Here, the spirit is no longer subject to
death, but dwells forever in the presence of the gods. In contrast to
Christian theology, there appears to be no evidence in Māori philosophy
of the idea of a resurrection when the body and spirit are united at some
future time after death, but Māori do believe that the spirit is immortal.

There are many references to the nature and functions of the spirit in
several other places in this book, for example, under the terms *mauri*
and *wheiao*.

Waitangi Taraipiunara

Ko tōna ingoa hou ko Te Rōpū Whakamana i te Tiriti. Koia tēnei he rūnanga hei tirotiro i ngā nawe o te Māori mō runga i ngā ture o te Tiriti o Waitangi, kāhore noa kia tika te whakaritea e te Kāwanatanga mō te iwi Māori. I whakatūria tēnei rōpū e te kāwanatanga Reipa i raro i te Pire o te Tiriti o Waitangi, 1975. Ko Matiu Rata te kaituhi o tēnei pire, nāna anō i kōkiri tae noa ki te whakamanatanga hei ture i mua i ngā mema paremata. I hoatu e te pire nei he mana ki te Māori mō te whakawā i ā rātou kerēme mai i te 10 o ngā rā o Oketopa, 1975. I mea anō, ka tohutohua te kāwanatanga e te Taraipiunara me pēhea te whakatatū i ēnei raruraru, he aha anō ngā utu mō ēnei mahi tinihanga a tauiwi ki te tangata whenua.

I tū te Taraipiunara tuatahi i te tau 1977; nā, ko ngā rangatira i runga ko Gillanders-Scott, te Tiati Matua o te Kōti Whenua Māori; ko Tā Graham Latimer, o te Kaunihera Māori Matua; me L.H. Southwick, Q.C., he rōia. Nā, ko tā rātou take, kotahi noa, he whakawā i te kerēme a Joe Hawke, arā, i mea a Joe i kōtingia hēngia ia mō āna mahi hī ika i runga i ngā tauranga ika o ōna mātua tūpuna i Ōkahu. I te mutunga o te kēhi, kīhai te Taraipiunara i kite kikokiko o tēnei kerēme, kāhore hoki he kaupapa tohutohu ki te kāwanatanga. Nō reira, kāre te kāwanatanga me ngā iwi o te motu i aro pono ki te Taraipiunara.

Mai i te tau 1980 ki 1985, ka tīmata te Taraipiunara ki te tirotiro i ngā kerēme mō Kaituna, Rotorua; Manukau, Waikato; Bastion Point, Ōrākei; me ētahi atu kerēme puta noa i te motu.

I tīmata ngā mahi a te Taraipiunara i runga i ngā ture me ngā whakahaere a tauiwi, engari, nā te mea ka whakaaro rātou ki te whakatū i ngā hui ki runga i ngā marae, ka whakahaerengia ētahi o ngā mahi i runga i te kawa o tēnā marae, o tēnā marae. Ka tukuna te mana ki te Taraipiunara, ā, ka whakahoki anō ki te tangata whenua i te mutunga o te kēhi.

I te tau 1985, ka whakamanatia te Pire Tiriti o Waitangi Āpititanga, arā, ka hoatu ki te Taraipiunara he mana ki te whakawā i ngā kerēme mai i te hainatanga o te Tiriti o Waitangi i te tau 1840. Nā tēnei pire, e hia rau kē ngā kerēme kua whakatakotohia ki te aroaro o te Taraipiunara.

Kāti, he maha rā ngā painga kua puta mai i ngā mahi a te Taraipiunara. Kua whakahokia mai e te kāwanatanga he whenua ki a Ngāti Whātua i Ōrākei, kua whakamanatia te reo Māori hei reo tuarua mō tēnei motu, me ētahi atu o ngā whenua raupatu kua whakahokia mai ki ngā iwi Māori. Ko te āhua nei, mā ngā mahi a tēnei rōpū, ka whai tikanga ai te Māori kia tū kaha ai rātou i ngā rā ka heke iho, i runga i tō rātou ake mana motuhake. Engari, kia tūpato, kia āta haere, ehara tēnei i te mahi māmā noa iho, kei te whawhai tonu i roto i ngā kōti, ake, ake.

Waitangi Taraipiunara (Waitangi Tribunal)

The Waitangi Tribunal has recently acquired a new Māori name, Te Ropū Whakamana i te Tiriti. The Waitangi Tribunal is an official body that investigates claims by the Māori people as to wrongs committed against them by the Crown under the terms of the Treaty of Waitangi. The Tribunal has the authority to make recommendations to the government as to the appropriate redress for claims that they judge to be justified.

The Tribunal was set up by the Labour Government under the Treaty of Waitangi Act, 1975. The Honourable Matiu Rata was one of the architects of the bill and he pressed for its passage through Parliament. Under the terms of the Act, Māori were given the right to make claims from 10 October 1975. The Tribunal did not have any decision-making powers other than those of making recommendations on how the government could resolve these claims and of suggesting what form of equitable restitution or compensation should be made.

1977 the Tribunal sat for the first time. The members of the Tribunal were Judge Gillanders-Scott (Chief Judge of the Maori Land Court), Sir Graham Latimer, representing the Department of Maori Affairs, and L.H. Southwick Q.C., an Auckland solicitor. They heard one case, a claim make by Joe Hawke that he was unconstitutionally prosecuted for fishing on ancestral grounds in Ōkahu Bay. After the case was heard, the Tribunal had no recommendation to make because the complainant had been convicted and discharged. This case re-confirmed for many Māori their suspicion that the Tribunal was just another strategy to placate the Māori people. However, from 1980 to 1985, the Tribunal began to investigate a number of claims such as Kaituna at Rotorua, Manukau Harbour in the Tainui-Waikato area, Bastion Point at Ōrākei, and many other claims throughout the country.

The initial hearings of the Tribunal were conducted along the lines of official government protocol, but later it was decided that Māori claims should be heard on the marae and in accordance with the local marae protocol. Once the initial Māori protocol was over with, the Tribunal was given the authority to conduct its business on the marae, and when the case was over, that authority was returned to the people of the marae.

In 1985, the Treaty of Waitangi Amendment Act was passed, which gave the Tribunal power to look at claims dating from the signing of the Treaty of Waitangi in 1840. The outcome of this decision was that the Tribunal has been inundated with several hundred claims, only a fraction of which have so far been heard.

Overall, there have been a number of beneficial outcomes from the Tribunal sittings. For example, the government has agreed in principle to return certain portions of the land and marae at Ōrākei to the Ngāti Whātua people. Secondly, the Māori language has been given national status, and has become the second official language of this country. In addition, various tribes have received compensation under separate land claims. Finally, as a result of the work of the Tribunal, the Māori may be placed in a better situation if their lands are returned, or compensation paid them, giving them the resources to become more self-sufficient. One should be forewarned, however, that one needs to proceed very carefully so that these issues can be resolved speedily, thus avoiding long and costly court proceedings.

Wānanga

Ko Tānenuiarangi te kaitiki i ngā wānanga i Tikitikiorangi. Ka pikitia e
ia te toi huarewa ki te toi o ngā rangi, ka riro mai te wānanga i a Rehua.
Nā, ko te karakia e whai ake nei e kōrero ana i te mahi a Tānenuiarangi i
tērā wā:

> Tēnei au, tēnei au te hōkai nei i tāku tapuae
> Ko te hōkai nuku, ko te hōkai rangi,
> Ko te hōkai a tō tupuna a Tānenuiarangi;
> I pikitia ai te rangi tūhāhā
> Ki te tihi o Mānono, i rokohanga atu rā
> Ko ia te Matua i riro iho ai
> Ngā kete o te Wānanga;
> Ko te kete Tūāuri,
> Ko te kete Tūātea,
> Ko te kete Aronui,
> Ka tiritiria, ka poupoua ki Papatūānuku,
> Ka puta te Ira tangata
> Ki te Wheiao, ki te Ao mārama,
> Tihe . . . i,
> Mauri-ora!

I te wā i haere mai ai ō tātou mātua i Hawaiki ka mauria mai ō rātou
pūtea wānanga. E ai ki ngā mātua, e toru ngā kete o te wānanga: (i) te
kete tūātea, (ii) te kete tūāuri, (iii) te kete aronui. I konei ka
whakamāramatia ake he aha te momo kai kei roto i tēnā, i tēnā.

Kete Tūātea: Koia nei ngā karakia me ngā tikanga tapu hei whakapiri, hei
hono atu i te tangata ki ngā ritenga me ngā āhuatanga o te atua pai, arā, o
Io (me ōna kāhui).

Kete Tūāuri: Koia nei te wānanga o Whiro, o ngā mahi mākutu, o ngā
momo mahi kino katoa. Ko Whiro te atua o te riri, o te hara, o te
pūremutanga, o te mate, o te aitua, o ngā mea whakarihariha katoa. Ko tōna
whakamututanga ake ko te rire o te reinga.

Kete Aronui: Koia nei te wānanga mō ngā mea o te ao, ngā mahi
ahuwhenua; hī ika, tātai whetū, whakairo, tukutuku, hanga whare, rongoā,
whakangahau me ngā wānanga katoa kei roto i ngā kura o tauiwi. Ko te mea
rerekē o te kete aronui e taea ana e te tangata te whakamahi ko ngā
mātauranga mō te pai, mō te kino rānei i runga anō i tōna hiahia. Engari,
ngā kete e rua i runga ake, tētahi mō te mahi ātaahua anake, tētahi mō te
mahi kino anake.

Tēnā pea he kōrero whakatauira tēnei mō te wānanga aronui. E āhei ana te hiko nūkirīa ki te whakamahi i ngā mīhini mō te tari wai ki ngā whenua maroke kia tupu ài te kai hei whāngai i te tangata. E āhei ana hoki ki te hanga pū kino hei patupatu tāngata i roto i ngā pakanga. Nā reira, ahakoa ko taua hiko anō, he mahi pai tētahi āhuatanga, he kino tētahi.

Heoi, ko te kōrero e whai ake nei nā ngā tūpuna:

Ko ngā kete o ngā mātua kei mua tonu i a tātou. Engari kia tūpato, e rua ngā kai kei roto: he mea kino, he mea ātaahua. Ko te hua ātaahua, kimihia, ā, poipoia hei oranga mōu. Engari te hua kino, takahia ki raro. I nāianei, e rua ngā pūtea mātauranga kei mua i a tātou, te Māori: ko tā ngā koroua me tā te Pākehā. He ōrite te hua kei roto i ngā kete e rua: he ātaahua, he kino, nā reira, whāia te mea ātaahua.

I ngā rā o mua ki te hiahia ngā iwi kia whakaakona ngā tamariki ki ngā kōrero nunui o te mātauranga, ki ngā mea katoa o te rangi, o te whenua, o te moana hoki, ka hangaia ngā whare wānanga kia tawhiti atu i ngā papakāinga, ki roto rānei i te ngahere. E tika ana tēnei whare kia tūtata atu ki tētahi wāhi tapu o te whenua. Ka oti te whare me ngā karakia tā i te kawa, ka tomo ngā tauira ki roto, ka tohia rātou mō ngā mahi ka whāia e rātou. E toru ngā tohunga hei whakaako i a rātou: tokorua ngā tohunga ahurewa (he tāne), kotahi te tohunga rūruhi (he wahine). Ko ngā tohunga ahurewa he tuku i te mātauranga, ko te tohunga rūruhi he kaiāwhina hei whakanoa i te tapu.

Heoi, i nāianei kāhore pea, he torutoru noa iho rānei ngā wānanga pērā i ngā wānanga o mua, kua whakaritea ngā mahi wānanga i roto i te ao Māori ki ngā kura teitei o tauiwi.

Wānanga (Esoteric Learning)

Tānenuiarangi is credited with having retrieved the pūtea wānanga, or baskets of wisdom, form the celestial abode of Io. He climbed the sacred vine to the uppermost heaven and carried away the knowledge given to him by Rehua. The chant which follows describes Tāne's ascent to obtain the knowledge:

> It is I, it is I who straddled the earth and heavens and left my footprint: I who ascended to the uppermost realms to the pinnacle of Mānono and gathered up the baskets of knowledge: the basket of ritual knowledge, the basket of occult knowledge, and the basket of secular knowledge. I established it on earth so that mortal man could escape from the world of confusion into the world of light.

When our ancestors came from Hawaiki they brought with them the pūtea wānanga or receptacles of wisdom. According to tradition, there were three baskets of knowledge: the basket of ritual knowledge, the basket of occult knowledge, and the basket of secular knowledge. The following is an explanation of the various types of knowledge contained in the respective baskets:

Basket of Ritual Knowledge: This basket contained the special prayers and rituals in order that man might conform to the goodness and commands of the benevolent god, Io.
Basket of Occult Knowledge: This was the knowledge held by Whiro, or the devil, and contained the practices of witchcraft and many other evil doings. The devil is the god of war and strife, of sin, of immorality, of death, sickness, and all abominable things. His ultimate destiny is the pits of hell.
Basket of Secular Knowledge: This is the source of all knowledge about the world, including fishing, astronomy, carving, weaving, building, medicine, entertainment, and every subject taught in our modern educational institutions. The difference between the basket of secular knowledge and the other two is that man can acquire secular knowledge for good or evil purposes according to his motives. But the other two baskets are devoted specifically to evil or good purposes.

The following is an illustration of the use of secular knowledge for either good or evil. It is possible to use nuclear energy to operate machinery, to carry water to parched lands where food can be grown to feed the masses. But it is also possible to build nuclear weapons for the destruction of mankind. Even though it is the same source of energy, one purpose is benevolent and the other destructive.

The elders had some further things to say on these points:

> The baskets of wisdom of our ancestors may be here with us, but be forewarned, they hold two types of food or knowledge, something bad and something of beauty. The fruits of beauty—seek them and nurture them, for your livelihood. But the evil fruits, trample them underfoot. Nowadays we have two sources of knowledge, that belonging to the Māori and that belonging to the Pākehā. The fruits of these are the same, both good and bad, but you must seek that which is good.

In days of old when particular tribes wanted to teach their children the special knowledge of the heavens and of the earth they built special houses of learning at a distance away from the normal living complex, or within a forested area. It was appropriate for the house to be built near a sacred shrine. When the house was completed and the ritual blessing pronounced upon it, prospective students entered the house and were set apart for the task of learning. Three priests were involved in the task of teaching, two of them were high priests (male), and one was a woman priest. The high priests were responsible for sharing the knowledge while the woman priest was enlisted to assist in some of the ritual practices of freeing the students from tapu.

These days there are probably very few traditional schools of learning left. They have been superseded by Māori departments within universities and other tertiary institutions.

Wehi

Koia tēnei te pānga mai o te mana, o te ihi me te tapu o tētahi tangata ki tētahi atu. Koia tōu ake whakaaro mō te kaha o te ihi, mana rānei o tētahi, he mea whakarite, he kaha ake rānei i tōu ake ihi. Kāhore he wehi ki a koe mena e ōrite ana tōu mana ki tō tētahi atu; nā reira, kāhore koe e wehi ana. E taea ana e te tangata te wehi ki a ia anō. Ka oho ake tōna wairua i te kaha o te ihi, o te mana hoki kei roto i a ia.

Ko te mea nui, ka wehi te tangata ki ngā mana, ki ngā tapu, ki te ihi e kaha atu ana i tōna, pērā i te mana o ngā atua. I roto i te Paipera Tapu ka puta te kōrero: 'Ko te wehi ki te atua, te tīmatanga o te whakaaro nui.'

A carving depicting wehi from Tumoana Marae, Gisborne. *Auckland University, Anthropology Department*

Wehi (Fear, awe, respect)

Wehi is the effect that one person's power and influence has on another. One person recognizes the superior power and influence of another in comparison with his or her own. When one's person power is equal to or greater than that of another person, there is no fear or awe. Sometimes an individual can experience wehi within himself or herself. On such occasions one is surprised and startled by the powers and thoughts generated within oneself.

The main point to remember is that a person experiences wehi when the power of another is greater than his own, for example, the power of the gods. There is a parallel idea recorded in the Holy Bible in the following scripture: 'The fear of the Lord is the beginning of wisdom.'

Wero

Koia tēnei tētahi ritenga e whakaatu ana i te ihi me te wehi. Ka kitea e ngā tūtei he manuhiri e tata mai ana ki te marae ka whakatangihia te pūtōrino. Ki te mea he ope tino rangatira ka whakatika te tangata whenua ki te pōwhiri i a rātou. Nā, ko te mahi tuatahi ka tukuna ngā toa, arā, ngā tūtei ki te whakataki mai i a rātou i runga i te āhua o te karakia whakatau, pēnei:

Taki, taki, takina mai
Ngā manu o te rangi;

Whakatau Ariki
Whakatau Ariki;

Werohia ki te rākau whakaara
Werohia ki te rākau tapu
Werohia ki te rākau whakawaha;

Reia te ihi
Reia te mana
Reia te tapu

Nā, ka haere te toa tuatahi, ā, ko te toa tuarua, kāti, ko te toa tuatoru. Ka tepetepe, ka pekepeke rātou ka karawhiu i ā rātou taiaha, me te pūkana, me te whātero arero, ka mau te wehi. Nō konei, ka whakatakotohia e te toa tuatoru he rau rākau ki mua i te ariki o te ope. Ko te take i pēnei ai, he mahi whakamātautau i te manuhiri kia kite ai mena i haere mai rātou hei hoa, hei hoariri rānei. Mena kāhore i te hoariri, ka tuohu te ariki ki te whakamau i te rau rākau kua whakatakotohia, ā, ka ārahina rātou e ngā toa ki runga i te marae. I tēnei wā tonu, ka tīmata ngā kuikuia ki te karanga pōwhiri i te manuhiri.

Nō reira, i te mea he hoariri ka whakatika atu ētahi o te manuhiri ki te aruaru, ki te patu rānei i ngā toa e whakataki nei i a rātou. I ēnei rā, kāhore e mahingia ana tēnei āhua o te wero. Ko ngā manuhiri katoa e haere ake ana i runga i te maungārongo me te rangimārie.

Wero extended to visitors at the Auckland University Marae, 1988. *Auckland University, Anthropology Department*

Wero (Ritual Challenge)

This is a ritual practice which is watched with awe and anticipation by onlookers. When the sentinels observe visitors approaching the marae they sound the conch shell (pūtōrino). If it happens to be a very prestigious group, the host people prepare to give them a resounding welcome. The first part of the ceremony consists of sending forth three warriors to challenge the group according to the following karakia:

Arise and come forth
Illustrious offspring of the gods;

Come forth illustrious ones,
Come forth illustrious ones;

Here the token of alertness,
Here the token of sacredness
Here the token of acceptance;

Reveal your excellence,
Reveal your power,
Reveal your sacredness.

The first warrior advances, then the second, and finally the third. When they jump, prance about, and brandish their fighting weapons with rolling eyes, grimacing faces and protruding tongues, they engender fear in their audience. At this point the third warrior places a token on the ground in front of the leader of the visiting group. This is to determine whether the visitors come as friend or foe. If they come in peace, the leader of the group will pick up the token and the warriors will proceed to lead the visitors onto the marae. Simultaneously, the old women of the marae will begin to give the call of welcome to the visitors.

In the past, however, if the visitors had evil intentions, they would send their warriors to pursue the host warriors and to attack them. But these days there is little likelihood of this kind of retaliation taking place. All visitors come in peace and with goodwill.

Whaikōrero

Ko te whaikōrero, koia nei ngā mihi nui a ngā kaumātua i runga i ngā marae i roto i ngā huihuinga a te iwi. Tuatahi, ko ngā mihi whakatau a te tangata whenua; tuarua, ko ngā mihi whakautu a te manuhiri. I te nuinga o ngā waka, koia nei te tāhuhu o te whaikōrero: (i) he tauparapara, (ii) he mihi ki te hunga mate, (iii) he mihi ki te whare tūpuna, (iv) he mihi ki a Papatūānuku, (v) he mihi ki te hunga ora, (vi) he pūtake kōrero i runga i te whakaritetanga o te hui, (vii) he waiata. Ko ngā pitopito kōrero e whai ake nei, he wāhi whakamāramatanga ake mō ngā wehewehetanga o te whaikōrero i runga ake nei.

Tauparapara: He karakia tēnei ki ngā atua, ki ngā mana, i runga i te āhuatanga o te hui. He maha rā ngā momo karakia: he waerea, he whakaaraara, he kawa, he hihiri, he aha, he aha. Engari, ko te mea nui ko te karakia whakawātea i a koe me ngā karakia whakatau manuhiri hoki.

Mihi ki te hunga mate: Ahakoa he aha te hui, ka maumahara tonu te Māori ki te hunga mate. Ki a rātou, kei te ora tonu ngā tūpuna, mātua, whanaunga, karanga maha, i roto i te ao wairua. Ki a rātou hoki, e honohono tonu ana te kāwai tangata mai i ngā atua, ka rere noa ngā whakatupuranga maha, tae atu ki ngā uri ka heke iho, ka heke iho. E mea ana rātou, horekau kē ngā wairua e tino tawhiti atu, engari e noho ana ki tēnei ao tonu, ā, kua āraihia atu i te tirohanga tangata. Ko te take kāre e kitea ana, e kāpō ana te hunga ora ki te titiro ki roto i te ao wairua. Ka mihi atu ngā kaumātua ki te hunga mate kia tautokongia e rātou ngā mahi o te rā.

Mihi ki te whare tūpuna: He tikanga tūturu te tapa ingoa tūpuna rongonui kua mate o te iwi nō rātou te whare. Ko ngā poupou o te whare, ko ngā tūpuna pouherehere ki ngā iwi, ki ngā whakatupuranga. Ko ngā mihi ki te whare, he honohonotanga i te tangata e kōrero ana (me tōna rōpū) ki ngā tūpuna kua whakairotia i roto i te whare. Ahakoa ētahi whare kāhore i whakairotia, ka maumahara tonu ki ngā tūpuna nō rātou tērā whare. He tohu mana hoki te whare tūpuna mō te iwi nō rātou tērā whare.

Mihi ki a Papatūānuku: Ka huri anō ngā mihi ki a Papatūānuku—te whāea o ngā mea katoa. Ko ngā momo mea katoa o te whenua kua puta mai i a ia tae noa mai ki a tātou te tangata. Ka whakaahuatia te tangata i te oneone, ā, ka hoki anō ia ki te oneone. Koia tēnei te whakamutunga o te tinana o te tangata. Koia anō te puna o te ora o ngā mea katoa ka tupu mai i a Papatūānuku.

Mihi ki te hunga ora: Ko te āhua o ēnei kōrero he whakawhanaunga, he honohono i te hunga ora ki te hunga ora. Ko te mea nui kia rangimārie, kia whakanui i te tangata i runga i te kōrero e whai nei:

Korōria ki te Atua i runga rawa
He maungārongo ki te whenua
Kia whakaaro pai ki ngā tāngata katoa

Ko te mea nui kaua e patu ngākau, kaua anō e takatakahi i te mana o tētahi atu, mā reira, ka tino pai ai ngā mahi katoa.

Te pūtake o te hui: Kei te kaikōrero te tikanga hei whakamārama i te take o te hui. Engari ka waihotia ake ngā kōrero hōhonu mō muri rā anō i te mahi pōwhiri.

Waiata: Ka mutu ngā mihi a te kaikōrero, ka tū mai tāna ope ki te waiata. Ko te tikanga o te waiata, he kīnaki mō ngā kōrero. I te nuinga o ngā wā, e tika ana kia waiatangia ngā waiata e pā ana ki te take o te hui, arā, mena he tūpāpaku e takoto ana, ka waiatangia he waiata tangi, mena he hui mārena tēnā pea e tika ana he waiata whaiāipo. Engari, i ēnei rā, kāhore e tino mau ana tēnei kaupapa ki ngā wāhi katoa.

Kia mōhio mai tātou, kāhore rawa kia tino ū mārika ngā whaikōrero ki te kaupapa kua hora nei, engari e pēnei noa ana te āhua o te whakatakoto kōrero i te nuinga o ngā wā.

A kaumātua delivering a whaikōrero, Hui Tōpu, Ohinemutu, 1971,
Jeremy Salmond

Whaikōrero (Formal Speech-making)

Whaikōrero or formal speech-making is performed by male elders on the marae and in social gatherings. First, there are the speeches of welcome by the hosts and then the speeches of reply by the visitors. In most cases formal speech-making follows a particular pattern in which certain elements are addressed:

a ritual chant
acknowledgement of those who have passed on
acknowledgement of the ancestral house
acknowledgement of Mother Earth
speeches to the living
discussions of the purpose for the gathering
conclusion with a song

The explanation which follow give a brief summary of each of the above elements.

Ritual chant or Tauparapara: This is a special prayer or chant to the gods which varies according to the purpose of the gathering. There are, for example, chants to dispel evil influences, to alert the people, and to sanctify them. But the main chants are to invoke the protection of the gods and to honour the visitors.

Acknowledgement of the deceased: Regardless of the nature and purpose of a meeting or gathering, Māori always remember the dead. To them the dead are still living—grandparents, parents, relatives, and so forth—in the spirit realm. Accordingly, Māori believe that there is an unbroken link from the gods to past, present, and future generations. They say that the spirits of the deceased are not too far away, that they are in fact still on this earth, but obscured from the sight of man. We are unable to see them because they cannot be seen with our physical eyes, and therefore our eyes are blind in a spiritual sense. The living often invite the departed to come forward and support the happenings of the day.

Acknowledgement of the ancestral house: It is customary to name a tribal house after an important ancestor who has died. The support posts of the house also represent important ancestors who bind the generations of the tribe to one another. In this part of the whaikōrero, indication is given of the connection between the speaker and the group he represents and the house and ancestors of the host tribe. Even though a house may not be carved, these kinship relationships are still expressed in honour of the people to whom the house belongs. The quality of the house is often, but not always, indicative of the power and status of the people.

Acknowledgement of Mother Earth: The speech is then directed to Mother Earth, the mother of all living things. Everything that has life was conceived in the womb of Mother Earth, including mankind. Man was fashioned from the earth and will ultimately return to the earth. This is the final consummation of man. All life-sustaining elements originate in Mother Earth.

Speeches to the living: The main aim of this part of the speech is to reestablish kinship ties between the parties. Perhaps the guiding principle here is not to offend anyone, but to show respect and to extend a hand of fellowship in accordance with the following commonly-used formula:

> Glory to God in the highest
> Peace on earth
> Goodwill to all mankind.

The important thing to remember is not to offend people by trampling on their mana, and goodwill should always prevail.

The purpose of the gathering: A speaker is free to vary his remarks at this stage depending on the nature and purpose of the gathering, but usually only a brief mention is made of the topic, and further discussion is reserved until after the formal speech-making is completed.

Song: After a person has spoken his group stands to support him with a song. The purpose of the song is to add group support to the whaikōrero and the purpose of the gathering. Usually, the chosen song is appropriate for the occasion—for example, a dirge for funeral service, or a love song for a wedding—but nowadays there is often a mixture of songs and themes.

It should be remembered that while these elements will usually be present in a whaikōrero or formal speech, their order of delivery may be varied.

Whakanoa

Kāhore e tika ana kia haere tapu tonu te tangata ki runga i te mata o te whenua i muri iho i tōna whānautanga me te tapu o ngā atua i hangaia ia. Ka mauria te tamaiti ki te tūāhu tapu, ka purengia ki te wai tapu, ka uwhiuwhi ki te wai, ka horoia, kia kore te tapu o te hanganga e noho tonu ki a ia. Nā tēnei mahinga ka wātea ia ki te haere noa i te ao.

He maha rā ngā tikanga mō te whakanoa. Ka whakanoatia te tapu o Tāne i te whakapuaretanga o ngā whare hou. Ka tangohia e te tohunga he rau kawakawa, ka karakia haere me te uwhiuwhi wai tapu ki runga i ngā pātū me ngā pou whakairo o te whare.

I roto i ēnei tū ritetanga e haere tahi ana te mahi whakatapu me te mahi whakanoa. Ka whakanoangia te tapu o ētahi o ngā atua; ka tiritiria, ka poupoua hoki he tapu hei manawa ora mō te whare. Ko te mahi pure, he momo tikanga whakanoa.

Wharetoroa Kerr lifting the tapu off the pouihi in the Maori Studies Department of Auckland University, 1987. *Auckland University, Anthropology Department*

Whakanoa (Free from tapu)

Whakanoa is necessary to lift or nullify a tapu. It is not appropriate, for example, that a person should roam the face of the earth after birth and carry the tapu of creation by the gods. Shortly after birth a child is taken to a sacred altar, and there is ritually cleansed by water so that the tapu of birth does not remain with him or her. After this ceremony is completed the child is able to move freely in the world.

There are many other customs and rituals associated with the whakanoa. For example, when a new house is opened the tohunga will whakanoa or nullify the tapu of Tāne (god of the forest) from whom the materials were obtained to build the house. In this situation the tohunga uses a twig of the kawakawa tree and as he performs his incantations he will sprinkle sacred water onto the floor, walls, and posts of the house.

In all of these situations there is both a system of sanctification and of nullification. Some of the tapu of the gods is dissipated and the tapu of other gods is established.

Nothing can ever be totally free of all tapu.

Whakapapa

E kōrerotia ake ana e te whakapapa ngā whakatupuranga, kāwai tangata mai i ngā atua ki ngā uri tupu o nāianei tonu. Ko te tikanga o te whakapapa, he whakatakototanga i tētahi mea ki runga anō i tētahi atu. He whakapapa tō ngā mea katoa, tō te manu, tō te ika, tō te kararehe, tō te rākau me ngā mea ora katoa, tae noa ki a tātou te tangata. Ko te whakapapa, he tāhuhu mō te mātauranga, kia wehea ai te hanga o ngā mea katoa. He kupu anō hoki mō te whakapapa, ko te tātai. Engari, he āhua rerekē te tikanga o te kupu tātai, i te mea, e tohu ana te tātai i te ritenga me te kōiwitanga o ngā momo mea katoa, arā, he tātai whetū, he tātai ngahere, he tātai moana, he tātai tangata hoki. He tikanga anō mō te tātai; koia tērā te tikanga kōrero, whakaatu rānei i ēnei āhua ritenga.

Ki ahau nei, nāku i whakaaro me whakawehe te whakapapa o te tangata kia pēnei: Tuatahi, te whakapapa o te ōrokohanga o te taiao whānui; tuarua, ko te whakapapa o ngā atua tīmata mai i a Ranginui rāua ko Papatūānuku; tuatoru, ko te whakapapa o te ira tangata, tīmata mai i a Tānenuiarangi rāua ko Hineahuone; tuawhā, ko te whakapapa o ngā waka i haere mai i Hawaiki.

Te Whakapapa o te Taiao Whānui: E kōrero ake ana mō te hanganga o te ao e Io Matua. Ko Io Matua te kaihanga o ngā mea katoa. Ka tīmata mai i Te Kore ka puta ko ngā pō maha, ka puta anō te ao mārama. Tirohia te whakapapa i raro nei:

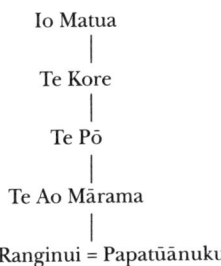

Io Matua
|
Te Kore
|
Te Pō
|
Te Ao Mārama
|
Ranginui = Papatūānuku

Te Whakapapa o te Ira Atua: Ka puta mai a Ranginui i te ao mārama, ka puta mai ko Papatūānuku i te pōuri. Ka moe tahi rāua ka puta ō rāua uri e whitu tekau. Koia nei ētahi: Ko Tāwhirimātea te mātāmua, ko Tāne, ko Tangaroa, ko Rongomatāne, ko Haumia, ko Tūmatauenga, ko Rūaumoko. Nō tō rātou whakawehetanga i a Papatūānuku rāua ko Ranginui, ka puta rātou hei ariki mō ngā momo mea katoa o te ao.

Te Whakapapa o te Ira Tangata: Nō te wehenga o Ranginui rāua ko Papatūānuku e ā rāua tamariki, ka mau ki a rātou te āhua o tēnei ao, arā, te ira tangata. Kua huri ō rātou āhua kia rite ki te ao kikokiko, arā, ki te ao matemate. Ko Tānenuiarangi te tangata tuatahi o tēnei ao; ka moe ia i a Hineahuone ka puta ko Hinetītama. Ka moe anō a Tānenuiarangi i tāna kōtiro i a Hinetītama, ka puta anō he uri; koia nei te tīmatanga o te tangata ki te ao. Nō muri mai, ka whakamā a Hinetītama i tōna mōhiotanga he uri tonu rāua ko tōna pāpā. Ka oma atu ia, ka noho ia ki roto o Rarohēnga, nā ka tapa atu i tōna ingoa hou, ko Hinenuitepō. Ko ia anō te ariki o te mate. Ka tupu mai ana uri huhua: ko Māui, ko Hema, ko Tāwhaki, ko Toi rāua ko Ngahue, ko Kupe. Ka tīmata rātou ki te noho i ngā tuawhenua, i ngā moutere hoki o te ao.

Te Whakapapa o ngā Waka: I muri i te haerenga mai o ngā tūpuna, pērā i a Kupe mā, ka hoki anō rātou, ka kōrero rātou ki ō rātou iwi mō te āhua o tēnei whenua o Aotearoa. Nā, ka tupu ake ētahi raruraru i tō rātou kāinga i Hawaiki, ka whakaaro ētahi ki te rapu whenua hou mō rātou, nā ka whakatika mai ki Aotearoa. Ka tae mai rātou, ka noho rātou i ngā wāhi katoa o te whenua nei, ā, ka tupu haere, ka tupu haere, tae noa ki te wā ka tae mai ngā Pākehā i tērā rau tau. E taea ana anō hoki e te Māori te tātai ō rātou whakapapa mai i ngā ariki o ngā waka ā tae noa ki ngā uri maramara kua mahue nei ki muri.

Mā roto i ngā whakapapa ka kitea te mana o te tangata me te whenua hoki. Kāti rā, koia nei te tikanga nui kia mōhio te tangata ki ōna mātua, tūpuna me ōna whanaunga. Engari me whakaako hoki ēnei mea ki ngā uri whakatupu kia tū tangata ai rātou i runga anō i tō rātou ake mana motuhake.

Whakapapa (Genealogy)

Whakapapa is the genealogical descent of all living things from the gods to the present time. The meaning of whakapapa is 'to lay one thing upon another' as, for example, to lay one generation upon another. Everything has a whakapapa: birds, fish, animals, trees, and every other living thing; soil, rocks and mountains also have a whakapapa.

Man also has a genealogy. Whakapapa is a basis for the organization of knowledge in respect of the creation and development of all things. The word 'tātai' is often used as a synonym for whakapapa. There is a major difference, however, in that tātai signifies the order and structure of various domains—for example, the organization of the stars and heavenly bodies, the organization of the forest, and the organization of the sea and all the life within it.

The tātai of human beings often refers to the actual recital of genealogies rather than the system of descent from one generation to another. I have classified the genealogy of the Māori under the following headings. First, there is the cosmic genealogy which concerns the processes of creation of the universe. Secondly, there is the genealogy of the gods which discusses the creation of the gods of man and all organic life on the earth. Thirdly, there is the genealogy of the precursors of man or the primal genealogy, which began with Tānenuiarangi and Hineahuone. Fourth, there is the genealogy of the canoes which came here from Hawaīki.

Cosmic Genealogies: These genealogies describe the creation of the foundation of the universe by Io, the Supreme God. Iomatua is accorded the honour of having created all things. The first genealogies begin with Te Kore (unorganized potential) and the universe evolves through various aeons of time and phases of darkness and light. The following is a version of an early or cosmic genealogy.

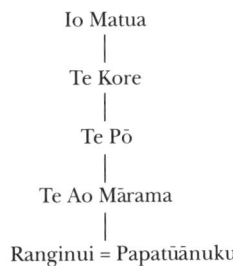

Io Matua
|
Te Kore
|
Te Pō
|
Te Ao Mārama
|
Ranginui = Papatūānuku

Genealogy of the Gods: This genealogy begins when Ranginui, the offspring of light, and Papatūānuku, the offspring of darkness, cohabited and brought forth a number of children. These are the main offspring: Tāwhirimātea, god of winds, Tāne, god of forests, Tangaroa, god of the sea, Rongomatāne, god of the kūmara and cultivated crops, Haumia, god of the fernroot and wild herbs and berries, Tūmatauenga, god of war and precursor of man, and Rūaumoko, god of earthquakes and volcanoes. It was through the act of separating their parents that these children became tutelary gods of the divisions of nature and the environment.

Genealogy of Mortal Man or Primal Genealogies: When the children of Ranginui and Papatūānuku entered the world of light and dwelt with their mother Papatūānuku, they became ira tangata or mortal beings. Thus being under the influence of the course of the physical world, they became subject to illness and death. Tānenuiarangi was the first man to inhabit this world; he married Hineahuone (the first woman) and they begat Hinetītama. Tāne also cohabited with his daughter, Hinetītama, and they begat children, and these were the forerunners of all the human inhabitants of the earth. Later Hinetītama discovered that she had had an incestuous relationship with her father and she became so ashamed that she ran off to the depths of the underworld and there became known as the Hinenuitepō, or the goddess of death. After many generations many of their descendants such as Māui, Hema, Tāwhaki, Toi, Ngahue, and Kup became famous ancestors of the Māori, settling the continents and subsequently the islands of Polynesia.

Genealogy of the Canoes: After several voyages to Aotearoa, Kupe returned to the islands and told his people of the bountiful land that lay in the southern ocean. Now there was some strife and war in Hawaīki over food resources, and a sizeable group of people decided that they should migrate to Aotearoa. After they arrived here, they settled the whole of the country and were a prosperous people well adapted to the new land at the time the Pakeha arrived. Many Maori people can trace their genealogies back to the paramount chiefs of the great fleet of canoes and to ancestors who inhabited other islands of the Pacific.

It is through genealogy that kinship and economic ties are cemented and that the mana or power of a chief is inherited. Whakapapa is one of the most prized forms of knowledge and great efforts are made to preserve it. All the people in a community are expected to know who their immediate ancestors are, and to pass this information on to their children so that they too may develop pride and sense of belonging through understanding the roots of their heritage.

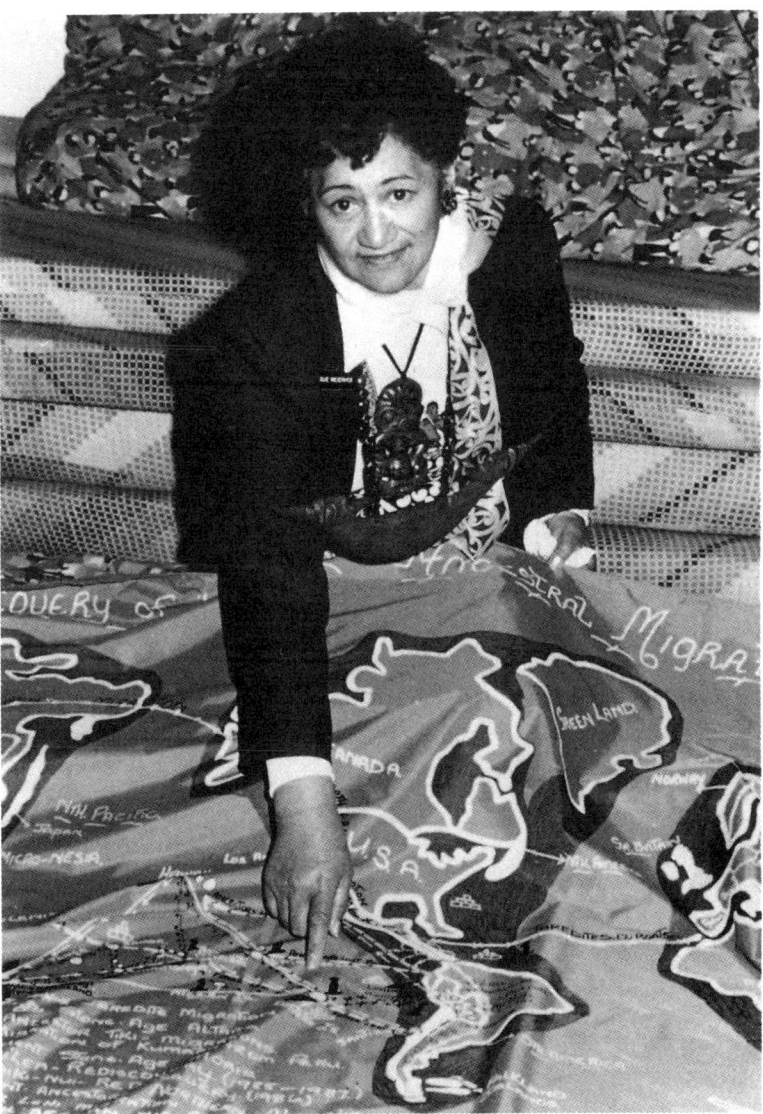

Mrs Susan Meirhofer presenting whakapapa of Mātātua and Ngāpuhi at
Mātātua Marae, Mangere, 1987. *Susan Meirhofer*

Whare Whakairo

Ko te whare whakairo he mea hanga kia rite ki te takoto piri tahitanga a Ranginui rāua ko Papatūānuku i mua i tō rāua wehenga, engari i ēnei rā e tohu ana i ngā tūpuna rongonui o tēnā iwi, o tēnā iwi. Ko te tāhuhu, he tuaiwi; ko ngā heke, ko ngā rara; ko ngā maihi, ko ngā ringa torotoro atu o te tupuna. Ko te tekoteko kei runga i te tihi, ko ia te whakapakoko o te tupuna nōna te ingoa o te whare. Nā reira, ko te tohu nui o te whare e whakatauira ana i te noho piringa tahitanga o Ranginui rāua ko Papatūānuku i te ao wairua. Ko te papararo, ko Papatūānuku; ko ngā poupou, koia ēnei ko ā rāua tamariki whakawehe i a rāua.

Ka mine mai te Māori ki runga i te marae, ki roto rānei i te whare whakairo, e hoki ana rātou ki te tino pūtaketanga o te tangata. Ka noho rātou ki roto i te poho o te whare kia akongia rātou me te whakaora i ō rātou wairua ki waenga i ō rātou mātua. He maha rā ngā Māori e haere ana ki ngā hui mate, hui aha rānei, ahakoa pēhea te tawhiti, he mau mahara rā ki tō rātou tīmatatanga mai.

Ko te pou tāhuhu, arā, te pou mārama e tohu ana i te tokonga a Tāne i a Ranginui ki runga, ko Papatūānuku ki raro. Ka tomo atu te Māori ki roto i te whare whakairo, ka waihotia e rātou te ao ki waho ka whakamau atu ō rātou whakaaro ki ngā mahi i roto i te whare, kia piki te kaha, kia piki te ora ki runga i a rātou.

Ko te kūaha o te whare, he tohu nui tōna. He whatitoka tapu ia hei wehewehe i te taha roto, ko te wheiao, me te taha waho, ko te ao mārama. Ko te kūaha, koia tēnei te huarahi kia puta ai te tangata ki te ao tūroa. Nā, ko te whatitoka e wehe ana i te tapu rāua ko te noa; arā, ko te pare kei runga i te tatau ka mokoa ki ngā tohu o te uwha wahine e whakaatu ana i te ara kia āhei te puta i te wheiao ki te ao mārama. Ko te matapihi o te whare, he tohu tawhito. Koia tērā te puta i kite ai ngā tamariki a Ranginui rāua ko Papatūānuku i te ao mārama, ko te rā e whiti mai ana, ā, ka hiahia rātou ki taua māramatanga. Ka hangā te whare kia huri tōna mata ki te Rāwhiti, ki te aranga ake o te rā. He tohu hoki tēnei kia puta atu i te pōuri, i te hereheretanga, ki te ao mārama. Ka piki haere te rā, ka rere iho ngā ihiihi ki roto i te matapihi, pērā i te wā ka kite ngā tamariki a Ranginui rāua ko Papatūānuku i te māramatanga tuatahi i a rātou i roto i te uma o ō rātou mātua.

Kotahi whakaaro anō mō te whatitoka tapu e mau ana i roto i ngā tohu mō te pou tāhuhu me te pou tuarongo. E tū ana te pou tāhuhu ki te taha matau o te whare i a koe e kuhu ai ki roto, ko tōna tohu nui, he ara, he māramatanga ki ngā atua. Ko te tohu nui o te pou tuarongo e tū ana ki muri o te whare i tērā pito o te tāhuhu, ko te whatitoka tapu i waenga i te ora me te mate. Koia tērā tētahi o ngā take ka whakatakotongia e Ngāpuhi ā rātou tūpāpaku ki raro iho i te pou tuarongo.

He tikanga anō mō te mate i roto i te whare, arā, mō te kuhu tūpāpaku mā te matapihi o te whare. E mahara ana tātou i te kitenga a ngā tamariki a Ranginui rāua ko Papatūānuku i te māramatanga i waho mā te puta kēkē o tō rātou whāea. I muri mai i te wehenga, ka puta rātou ki waho mā te whatitoka o te whare. Nō reira, ko te tomokanga i te kūaha o te whare he tohu mate, ehara ko te tohu ora. E ora tonu ana te wairua ka hoki ki te wheiao, ki te ao wairua. Ko te mahi kuhu tūpāpaku i te matapihi o te whare kia taea ai e te wairua o te hunga mate te rere haere i te ara tapu, pērā i ngā atua i roto i te wheiao tuatahi.

I roto i ēnei rā, kua whakawhānuitia ake te tikanga o te whare whakairo kia karapotia ngā rohe iwi. E pērā ana te rohe o Ngāpuhi nui tonu: ko te tāhuhu o te papa takiwā ka tīmata i te pou tāhuhu i Tāmaki ka toro haere ki te pou tuarongo i te Rerenga Wairua, i Muriwhenua. Ko ngā heke o te whare ka rere ki Te Aupōuri, ki Te Rarawa, ki Ngāti Kahu, ki Ngāpuhi me Ngāti Whātua. Ko ngā poupou, ko ngā maunga tapu: ko Maunga Piko, ko Te Ramaroa, ko Maunga Taniwha, ko Te Rākaumangamanga, ko Titirangi, me Rangitoto; koia nei ētahi i roto i te rohe nei. Ko te papararo ko te Hiku o te Ika a Māui. Ki te tomo te tangata ki roto i ēnei takiwā, e kī ana te kōrero, e hou atu ana ia ki te whare tapu o Ngāpuhi, ka noho ia i raro i te mana me ngā tikanga o tēnei iwi.

Inā rā, ka hoki te Māori ki tōna papakāinga ki te wāhi i tupu ake ia, he rongoā tērā ki tāna tinana wairua hoki, ka whai kaha anō rātou ki te mahi i ā rātou mahi. He mea nui hoki ki te Māori te hoki ki te ūkaipō o ōna mātua tūpuna, ki te kōrero rātou i waenganui i ngā wheinga me ngā atua. He mea whakarite tēnei ki ngā whakamoemiti karakia o ngā hāhi, ko te tūmanako ka manaakingia te tangata i runga i tēnei āhuatanga.

Kāti rā, i te wā tonu o te whakapuaretanga o tētahi whare hou, ka kohia e ngā tohunga ētahi o ngā pungarehu me ngā maramara taka mai i ngā whakairo, nā ka mahia ēnei i roto i ngā karakia tā i te kawa mō te whare. Ko te pungarehu nō ngā keringa o ngā pou tumu o te whare, ka ruia ki runga o te marae ātea hei whakamārie i a Rūaumoko. Ko ngā maramara, arā, ngā otaota o ngā rākau i haua i ngā whakairo ka ruia ki ngā pou o te whare hei whakamārie i a Tāne. Ka īnoi ki a Tāwhirimātea kia tū kaha te whare kia kore ia e hinga i te akiakinga a ngā tūpuhi, marangai, āwhā hoki. Ka mahi tahi ēnei ritenga me ngā rau kawakawa.

He tikanga tēnei i rongo ahau i ōku mātua. I te wā ka puare he whare, ka haere ngā tohunga ki tētahi urupā i te ata pō tonu ki te tiki oneone, he taonga rānei nō reira, ka mauria ki te whare. Nā reira, i roto i ō rātou karakia mō te whare ka poua e rātou te oneone, taonga rānei ki te poutokomanawa hei manawa tapu mō te mauri o te whare. Ko te take i pērā ai, kia whakahokia mai te mana me te tapu o ngā mātua tūpuna kua ngaro atu ki te pō. Ka tahuna anō e rātou he ahi tapu hei tohu i te manawa o te whare. I ngā wā o mua, me tohi te tangata ki runga i te tūāhu tapu, kātahi anō ka āhei ia ki te tomo ki roto i te whare maihi, arā, te whare whakairo. He whare tēnei mō ngā tohunga anake.

He tohu rangatira hoki te whare whakairo, arā, nā tēnei ka kitea pēhea te nui o te mana o te iwi nō rātou te whare. I runga anō hoki i ngā mahi whakairo ka kitea he aha te mātauranga me te tohungatanga o taua iwi. I ēnei rā, he maha ngā whare kua whakatūria ki tēnā rohe, ki tēnā rohe, i runga anō i te whakaaro o te iwi Māori kia kore ai e ngaro ngā tikanga me ngā tū āhuatanga o te ao tawhito.

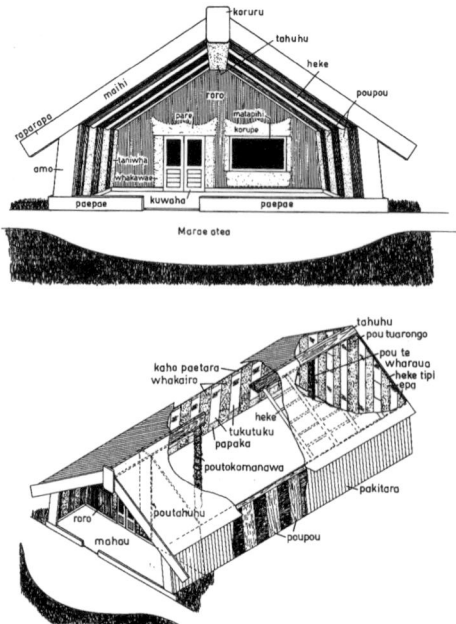

A diagram of Tānenuiarangi, Auckland University. *Paki Harrison, 'Tānenuiarangi Booklet', 1988*

Whare Whakairo (Carved Ancestral House)

Although the whare whakairo was originally constructed after the bodily form of our primeval parents, Ranginui and Papatūānuku, in their nupitial embrace, it has become more popular in contemporary thinking to regard the whare whakairo as representing important tribal ancestors. The main ridge pole (tāhuhu), the rafters (heke), and the barge boards (maihi) represent the backbone, the ribcage, and outstretched arms of an ancestor. The tekoteko or carved figure on the front gable of a house represents the ancestor whose name the house bears. However, the structure of the house symbolizes the state in which Ranginui and Papatūānuku and their children dwelt together in the spirit realm when conflict began to arise. The earthen floor of the house is Papatūānuku or Earth Mother, and the posts (poupou) represent the children poised in the act of separating their parents.

When Māori people assemble on the marae, and especially in the whare whakairo, they are, in essence, returning to their roots and to the source of their being. They congregate in the bosom of the house to be instructed on tribal matters and to be rejuvenated in spirit by being among the spirits of their ancestors and gods. Many Māori will travel from miles around on the occasion of the death of kin or to participate in some other hui or meeting. When they enter the whare whakairo they cut themselves off from the world outside and are revitalized, returning to the outside world with a new zest for life.

The doorway of the house is a significant feature of the building. It represents the threshold between two states: the world of gloom within the house, and the ao mārama outside. The door symbolizes a change of state as one emerges from the main body of the house and enters the world outside. It is the threshold separating the sacred and the profane, and the door lintel is often carved in motifs representing the vagina, thus emphasizing the passage from the world of confinement into the world of light. The window of the house represents a primitive archetype. The window opening or fissure symbolizes the opening through which the children of Rangi and Papa perceived the light of the outside world and wanted to possess it. The house is sited so that it faces north-east, towards the rising sun. This too is symbolic of moving from the world of confinement and suspended animation into a world of light. As the sun rises in the morning its light enters the small aperture of window, just as the children of Rangi and Papa perceived the first light from within the bosom of their parents.

The idea of thresholds and changes of state is also represented within the house in the pou tāhuhu (alternatively referred to as pou mārama) and the pou tuarongo. The pou tāhuhu is set at the front of the house, on the right side of the door as one enters. It represents the initial upward thrust as Tāne pushed apart Rangi and Papa, and symbolizes the light or the pathway to the gods. The pou tuarongo, which is situated at the extreme rear of the house, at the end of the tāhuhu or ridge pole, represents the threshold between life and death. This is one of the reasons the Ngāphui place the coffins containing their deceased in the house at the base of the pou tuarongo.

The symbolsim of death within the house is also illustrated by the tradition of passing the coffin through the window of the house rather than through the door. It will be recalled that the children of Rangi and Papa first saw the light of the outside world through their mother's armpit. Later on they chose to enter the outside world through the doorway or pathway which was made by the separation of their parents. Therefore, the idea of entering or exiting through the doorway is symbolic of entering death again, rather than entering a new state of life. The wairua of the deceased lives on, and returns to the spirit world. The practice of passing the corpse through the window signifies the freedom of the spirit to travel without encumbrance in that sacred realm as did the gods in their original spiritual creation.

In modern times, the concept of the whare whakairo has been extended to include the 'house' or territory of the tribe. For example, in defining the boundaries of Ngāpuhi nui tonu, the tāhuhu of the territory extends from the Pou tāhuhu at Tamaki to the Pou tuarongo at Te Rerenga Wairua in the Far North. The maihi of the house extend into the boundaries of Te Aupōuri, Te Rarawa, Ngāti Kahu, Ngāpuhi and Ngāti Whātua. The poupou which extend to the heavens above are the famous mountains of the Tai Tokerau, such as Maunga Piko, Te Ramaroa, Maunga Taniwha, Te Rākaumangamanga, Maunga Rei, Rangitoto, and Titirangi. The papararo or floor is called Te Hiku o te Ika a Māui. When one enters these tribal territorial boundaries one is said to enter into the sacred house of Ngāpuhi nui tonu, and, therefore, to come under the influence of the gods and customs belonging to the tribal group. One experiences a certain healing influence or a sense of well-being when one operates within one's tribal boundaries.

And so it happens on many occasions when Māori visit their places of birth or upbringing, that they experience a rejuvenation of spirit and a therapeutic restoration of their total health (physical, mental, and spiritual) and are ready to face the challenges of life once more. To return to one's birthplace and to participate in discussion with elders in the presence of the ancestors and the gods is something equivalent to the Christian practice of attending church, where one expects to be uplifted and feel peace of mind through worship.

When a new house is to be dedicated, the tohunga gather the chips (from the carvings) and earth (from the foundation posts) and use them in the dedicatory ceremonies. A handful of earth is scattered on the marae ātea and about the house, and prayers are offered to appease Rūaumoko, god of earthquakes. The chips from carvings are scattered about in the house and around the carvings, and prayers are offered to Tāne, god of the forests. Prayers are also offered to other nature gods (including Tāwhirimātea, god of the winds, storms, and tempests) so that the house may stand firm against the forces of nature. Kawakawa leaves are used in this ritual.

According to my elders, when a house was dedicated the priests would go to the local burial ground in the early dawn and retrieve a small portion of soil and/or a special artifact and bring them to the house. They would then bless the house and place the soil or treasure by the poutokomanawa or main post to represent the receptacle for the mauri of the house. The reason for this custom was to attract the mana and sacred influence of the ancestors who had passed on into the spirit realm. They would also light a special fire which represented the manawa ora or life-giving energy of the house. It was also a symbol of the ahikōmau or sacred power of the gods. In ancient times, it was only those who were ritually prepared at the sacred altars who were permitted to enter the whare maihi or sacred carved house.

Finally, the carved house is a symbol of the prestige, power, and industriousness of a tribe. There are many such houses being built today, a practice which is indicative of the renaissance going on in the Māori world, and the revival of many traditional cultural practices.

Wheiao

Kua rangona e tātou te kōrero: 'Tihei mauri ora, ki te wheiao ki te ao mārama.' Ko te wheiao te wāhi kei waenganui i te ao pōuri me te ao mārama; engari, koia te wāhi e tata atu ana ki te paotanga o te māramatanga.

Ko te wheiao tuatahi i puta mai i te wā i noho piri tahi a Ranginui rāua ko Papatūānuku me ā rāua tamariki. Ka roa e noho ana, ka hiahia ngā tamariki nei kia puta rātou ki waho i ō rātou mātua, ki roto i te māramatanga kua āta kitea atu e rātou. Nā reira, ka whakaaro rātou ki te hanga tikanga kia taea ai e rātou te puta. Ka tū mai a Tūmatauenga me tōna whakaaro: 'me patu iho e tātou ō tātou mātua'. Kīhai ōna tuākana i aro mai ki tēnei take. Ka puta ko tō Tāne whakaaro: 'me wehe noa ō tātou mātua, ā, kia puta atu tātou'. Ka whakaae mai te nuinga o rātou. Heoi, nā tēnei tikanga ka puta rātou i te ao pōuri ki te ao mārama. Nā, mai i te wā ka tīmata rātou ki te whakatinana i te take a Tāne, tae noa rā ki te wā ka puta atu rātou, koia tēnei ko te wheiao tuatahi. Nā ēnei mahi tutū i a Ranginui rāua ko Papatūānuku, ka hora mai te wheiao ki waenganui i a rātou. Ko Tahutapairu, te wahine a Tūmatauenga, ko ia 'te ariki o te pō rāua ko te wheiao'.

He maha rā ngā tū āhuatanga ka puta mai te wheiao ki roto i tēnei ao me te ao ā muri ake. I te wā ka tata te wahine ki te whānau tamaiti, ka taka mai te pēpi ki roto i te ara wahine ā muri i te pakarutanga o te wai. Ka tere ki waho i te rere tāwhangawhanga. Nō te tapahitanga o te iho, ā, ka pākia te tuara o te pēpi, ka tihei mauri ora ki te wheiao ki te ao mārama.

Tērā anō, ka mate atu he tangata ka hoki te wairua ki ngā atua. Ka uru atu te wairua nei ki tētahi wāhi pōuri ki reira tāria ai ngā kaitiki mai i a ia, ka ārahina atu ia i te wheiao ki te ao mārama, arā, ki roto ki te ao wairua. Koia nei te wheiao kei waenganui i te ao tūroa me te ao tū tonu.

Ka oti hoki tētahi whare te hanga, ā, ka whakapuarengia i te atatū tonu i mua iho i te aranga ake o te rā. Koia nei te wāhi o te pō e kīia nei ko te wheiao. Ka whakaritengia e te Māori āna mahi tapu i tēnei wā tonu, i te wā e haereere ana ngā wairua me ngā atua, i mua atu i te kohiritanga o ngā manu a Tāne. Inā, ka korikori te ao ka rere atu te hunga wairua, ka mahue te ao kia whitingia e te rā.

Ko te poho o te whare tūpuna, ka hangaia i runga anō i te ritenga tinana tangata e takoto tāpapa ana ki runga i a Papatūānuku kia pērā i te wā i wehea ai a Ranginui rāua ko Papatūānuku. Ka tomo atu te iwi i te kūaha o te whare, ā, ka mea e hou atu ana ki roto ki te wheiao, arā, te wāhi i noho ai rātou i mua iho i tā rātou putanga ki te ao mārama. Ka whakairotia he pare ki runga i te kūaha hei tohu i te ara wahine, arā, te wāhi ka puta mai te tangata ki te ao i tōna whānautanga.

Nō reira, he tini rawa ngā momo tauiratanga o te wheiao i roto i te taiao whānui. Ko ngā āhua o te marama, ngā mahi hanga mea o ia āhua, o ia āhua, tae atu ki ngā mahi whakatupu whakaaro ki roto i te tangata. I te wā ka tohia ngā tauira i roto i ngā kura wānanga, he mea whakahau i a rātou kia kaha rātou ki te ako, kia puta rātou i te kūaretanga ki te tino māramatanga o te hinengaro.

Kāti, ko te mea nui ko te wheiao, koia tērā ko te wāhi kei waenganui i te pōuritanga me te māramatanga o tētahi mea kia tupu ake ki tētahi atu āhua, whakatupuranga rānei.

Wheiao (Transitional or Liminal State)

We often hear the expression 'tihei mauri ora ki te wheiao, ki te ao mārama'. The wheiao is that state between the world of darkness and the world of light, but it is much closer to the unfolding of the world of light.

The first wheiao occurred during the time that Ranginui (the Sky Father) and Papatūānuku (the Earth Mother) lived together with their children locked within their embrace. After a considerable time, the children became restless and were intent upon escaping from the confines of their parents into the world of light beyond. They convened a council to discuss a plan for making their escape. Tūmatauenga (the god of war) suggested that they kill their parents, but his brothers would not agree. So Tāne (god of the forests) proposed that they merely separate their parents and thereby escape. The majority of the children agreed to this plan and it was by this means that they were able to escape from the world of darkness into the world of light. Now, from the time they decided to implement the plan put forth by Tāne, until the time that they actually escaped into the light, is the period known as the first wheiao. It was because of the mischievous actions of the children of Rangi and Papa that the wheiao was instigated amongst them. Tahutapairu, the wife of Tūmatauenga, became the goddess of night and of the wheiao.

In nearly every facet of life there exist various conditions of wheiao, both on this earth and throughout the extent of the universe. One example is when a women is about to give birth to a child. The baby enters the birth canal following the breaking of the waters and emerges into the world of light. The cord is cut and the baby's breathing is stimulated, hence the saying, 'tihei mauri ora ki te wheiao, ki te ao mārama' In this instance, the wheiao refers to the actual birth process from the time the labour pains are felt until the time the baby begins breathing.

Similarly, at death a person's spirit returns to the gods. The spirit enters a place of darkness and awaits the arrival of the guardian spirits which will lead them through the wheiao to the world of light beyond, that is, into the spirit world.

When a carved house is completed, the dedication takes place in the early morning before sunrise. This is the time between night and day that is referred to as the wheiao. Most of the Māori rituals are conducted at this time of day in the belief that the ritual is performed in the presence of the gods and the spirits of ancestors that have passed on. At this particular time there is no disturbance from the outside world, and the gods and spirits take leave of this world before the rising of the sun.

Likewise, the meeting-house itself is built in the form of an ancestor lying prostrate over Mother Earth and suspended by posts. It resembles the condition of Ranginui and Papatūānuku when they were first separated by their children. When the people of a tribe enter their house, in effect they enter the womb or wheiao where their ancestor gods dwelt before their escape into the world of light.

There are many other examples of the wheiao throughout nature: the phases of the moon, for instance, or the development of embryos as they pass through a wheiao or state of transition. Even with human learning, we pass from a state of ignorance to one of enlightenment or understanding. When initiates enter a school of learning, they are set apart and urged to seek learning so that they might progress and gain excellence in mental achievement.

Finally, in all these situations it must be remembered that the wheiao is a phrase that can recur many times in advancing from one particular condition or state to another.

Bibliography

Marsden, Maori. 'God, Man and the Universe: A Maori View', in King, Michael (ed) *Te Ao Hurihuri* (Longman Paul, Hong Hong, 1985).

Mead, Sidney Moko (compiler), *Nga Tikanga Tuku Iho a Te Maori: Customary Concepts of the Maori* (Victoria University Press, Wellington, 1984).

Orange, Claudia. *The Treaty of Waitangi* (Allen and Unwin/Port Nicholson Press, with assistance from the Historical Publications Branch, Department of Internal Affairs, Wellington, 1987).

Temm, Paul, Q.C. *The Waitangi Tribunal—The Conscience of the Nation* (Random Century, Auckland, 1990).

Tregear, Edward. *The Maori–Polynesian Comparative Dictionary* (Lyon and Blair, Lambton Quay, New Zealand, 1891).

Unpublished private Wānanga manuscripts (in possession of the author).

Williams, Herbert W. *A Dictionary of the Maori Language* (A.R. Shearer, Government Printer, Wellington, 1975).

Williams, Raymond. *Keywords—A vocabulary of culture and society* (Fontana Paperbacks, London, 1983).